Jose Antonio Primo de Rivera

I0422263

Anthologie et citations de Jose Antonio Primo de Rivera

Bibliothèque
DISSIDENTE

https://bibliothequedissidente.com

Anthologie et citations de Jose Antonio Primo de Rivera

Traduction de l'anthologie de Jose Antonio Primo de Rivera par les éditions Bibliothèque Dissidente

Le joug et les flèches, symboles de la phalange espagnole provenant de Virgile (les flèches venant de son Énéide, et le joug des Géorgiques). Ces deux symboles faisaient partie de l'héraldique des Rois espagnols incarnant l'union des deux royaumes Castille et Aragon, représentant le joug de Ferdinand et le faisceau de flèches d'Isabelle, emblèmes portant en leur nom l'initiale du consort : le Y de Ysabel, présent dans l'initiale du joug (« yugo »), et le F de Ferdinand, présent dans celui d'Isabelle, les flèche (« flechas »).

Retrouvez d'autres éditions imprimées d'ouvrages numériques sur le site de la bibliothèque dissidente :
https://bibliothequedissidente.com

SONNET A JOSÉ ANTONIO

La trace de la patrie, qui s'était perdue
dans l'air, sans esprit ni aventure,
fut transportée en feu par la hauteur
de son cœur impétueux, libre et captif.

De la croûte de poussière primitive
jaillit la veine de son sang pur,
tressant de son verbe son lien
d'histoire et d'espérance, d'une pulsation vive.

Il aima l'éclat des épées,
il arma les âmes sans abri et froides,
il rendit la soif des eaux oubliées.

Il donna racine à l'épi et à l'étoile
et, pour sauver la terre de ses jours,
il mourut en lui rendant sa beauté.

DIONISIO RIDRUEJO

Table des matières

PREMIERE PARTIE :
DOCTRINE

I. LES BASES INTELLECTUELLES

1. A ce jalon de notre route, on exige de nous, maintenant, face à l'Histoire, une précision rigoureuse de notre position.

Discours, Madrid, 19-5-35.

2. [...] Le bien et la vérité sont des catégories permanentes de la raison et, pour savoir si l'on a raison, il ne suffit pas de le demander au Roi —dont la volonté, pour les partisans de la monarchie, est toujours juste— ni au peuple —dont la volonté, pour les disciples de Rousseau, est toujours bien orientée, il faut examiner, à chaque instant, si nos actes sont en accord avec une aspiration permanente.

Parlement, 19-12-33.

3. [...] On peut arriver à l'enthousiasme et à l'amour par la voie de l'intelligence.

Ibid, 3-7-34.

4. «Le cœur a ses raisons que la raison ne connaît pas» [...], mais l'intelligence, elle aussi, a sa manière d'aimer dont le cœur, parfois, ne sait rien.

Essai sur le Nationalisme, Avril, 1934.

5. Le jeu impassible des règles est toujours plus sûr que notre appréciation personnelle. La balance pèse avec plus de précision que la main.

Conférence, "Droit et Politique", 11-11-35.

II.   LE CONCEPT DE
L'HOMME

(A)

6. Pour nous, l'individu est l'unité fondamentale, car tel est le sentiment de l'Espagne, qui a toujours considéré l'homme comme porteur de valeurs éternelles.

Discours, "L'Espagne et la Barbarie", Valladolid, 3-3-35.

7.   La liberté de l'homme n'est respectée que si on le croit, comme nous le croyons, porteur de valeurs éternelles, si on le considère comme l'enveloppe corporelle d'une âme capable de se damner ou de se sauver. C'est seulement si on le voit ainsi que l'on peut dire que l'on respecte vraiment sa liberté.

Discours, Madrid, 29-10-33.

8.   L'individu est, par rapport à la personne, ce que le peuple est par rapport à la société politique.

Essai sur le Nationalisme, Avril, 1934.

9.   Nul ne peut être «quelqu'un» à moins que d' «autres» n'existent. Ce n'est pas notre charpente physique qui fait de noua des personnes, c'est l'existence les autres et le fait qu'ils sont aussi des «personnes», qui nous différencient.

"Euzkadi libre ?", 7-12-33.

10. [...] la véritable réalité juridique est la «personne», c'est-à-dire, l'individu considéré, non dans sa réalité vitale, mais en tant que porteur actif ou passif de relations sociales réglées par le Droit, en tant qu'être capable d'exiger, d'être contraint, d'attaquer ou de transgresser.

Essai sur le Nationalisme, Avril, 1934.

11. On n'est une «personne» qu'en tant qu'on est autre, c'est-à-dire un en face des autres, créancier ou débiteur possible des autres, maître de positions qui ne sont pas celles des autres. Ainsi la personnalité de l'homme n'est pas déterminée de l'intérieur, en tant qu'agrégat de cellules, mais de l'extérieur, en tant que possesseur de relations.

ibid.

12. Nul n'est jamais né membre d'un parti politique, mais nous naissons tous membres d'une famille, nous sommes tous habitants d'une commune, nous nous livrons tous à l'exercice de quelque forme de travail.

Discours, Madrid, 29-10-33.

13. Servir est le seul moyen d'atteindre la dignité humaine. Seul est, grand celui qui s'astreint à jouer un rôle dans l'accomplissement d'un grand dessein. Ce point essentiel, la grandeur de la fin à laquelle on aspire, est ce que vous ne voulez pas prendre en considération.

2eme Lettre ouverte à Luca de Tena, "A B C", 23-3-33.

14. Le «señorito» est le successeur dégénéré du «seigneur», de l'«hidalgo», qui a écrit, jusqu'à ces derniers temps, les plus belles pages de notre histoire. Le seigneur était un seigneur parce qu'il était capable de «renoncer», c'est-à-dire d'abandonner ses privilèges, ses commodités, et ses plaisirs en hommage à une haute idée de servir. «Noblesse oblige», pensaient les seigneurs, les hidalgos, c'est-à-dire noblesse «exige». Plus on est, plus on doit être capable de renoncer à être. C'est pourquoi des rangs élevés de la noblesse sont issus, la plupart des noms qui se sont illustrés, par le sacrifice.

"Señoritismo", "F. E.", 21-1-34.

(B)

15. Voyez où en est réduit l'homme européen sous l'action du capitalisme. Il n'a plus de maison, il n'a plus d'individualité, il n'a plus d'habileté artisanale, il n'est déjà plus qu'un numéro dans des agglomérations.

Discours, Madrid, 19-5-35.

16. [...] la caractéristique de la tragédie espagnole et de la tragédie européenne est la suivante : l'homme a été désintégré, déraciné, il est devenu un numéro... Un numéro sur les listes électorales et un numéro dans la queue à la porte des usines, et cet homme désintégré ne demande, à grands cris, qu'à retrouver la terre sous ses pieds, à s'harmoniser de nouveau avec un destin collectif, avec un destin commun, plus simplement —pour appeler les choses par leur nom— avec le destin de la Patrie.

Conférence, Madrid, 9-4-35.

(C)

17. L'homme, dans la cité, on ne le voit, pour ainsi dire, tout simplement pas. Il est toujours caché derrière sa fonction, derrière son vêtement. A la ville, on voit le commerçant, l'électricien, l'avocat. A la campagne, c'est toujours l'homme que l'on voit.

18. Nous, qui venons de la ville, nous nous sentons toujours un peu inférieurs devant eux (ceux de la campagne). Eux, ne nous découvrent pas, si l'on peut dire, derrière nos vêtements.

Ibid.

(D)

19. Quand le monde est sorti de ses gonds, on ne peut y remédier par des onguents techniques, il faut tout un ordre nouveau. Et cet ordre doit, une fois de plus, jaillir de l'individu.

Discours, "L'Espagne et la Barbarie" , Valladolid, 3-3-35.

III. LA LIBERTÉ HUMAINE

20. En face du dédaigneux «Liberté, pourquoi ?», de Lénine, nous commençons, nous, par affirmer la liberté de l'individu, par reconnaître l'individu. Nous, qui sommes faussement accusés de défendre un panthéisme d'Etat, nous commencions par accepter la réalité de l'individu libre, porteur de valeurs éternelles.

"Etat, Individu, Liberté, 28-3-35.

21. L'homme doit être libre, mais il n'existe pas de liberté si ce n'est au sein d'un ordre.

Conférence, "L'Espagne et la barbarie", Valladolid, 3-3-35.

IV. PROPRIETE ET TRAVAIL, ATTRIBUTS ELEMENTAIRES DE L'HOMME

22. La propriété est la projection directe de l'homme sur les choses qu'il possède, c'est un attribut élémentaire de l'homme. Le capitalisme a, peu à peu, substitué à cette propriété de l'homme, la propriété du capital, instrument technique de domination économique.

Conférence, Madrid, 19-5-35

23. Le travail est une fonction humaine, de même que la propriété est un attribut humain. Que peut-on vouloir dire par «harmoniser le capital et le travail».

Conférence, "L'Espagne et la barbarie", Valladolid, 3-3-35.

V.   CONCEPT DE LA VIE

24. La religion et l'armée offrent les deux seules manières de comprendre la vie intégralement et sérieusement.

Discours, Madrid, 17-11-35.

25. Toute existence humaine —de l'individu ou du peuple— est un tragique combat entre le spontané et le difficile.

"Essai sur le nationalisme", Avril, 1934

26. Les positions spirituelles ainsi emportées par la lutte héroïque contre le spontané sont celles qui s'impriment ensuite le plus profondément dans notre être authentique.

Ibid.

27. Telle est, entre autres, la douce récompense que l'on obtient en s'efforçant de devenir meilleur. Si l'on perd des joies élémentaires, on en trouve au bout de la route, d'autres, si chères et si intenses, qu'elles finissent par envahir le domaine des attachements anciens, déracinés dès le début de l'entreprise dominante.

Ibid.

VI. LE PEUPLE

28. Un peuple, c'est une intégrale de destinée, d'effort, de sacrifice et de lutte, que l'on doit considérer en bloc, qui s'avance dans l'Histoire, et qu'il faut servir en bloc.

Parlement, 19-12-33.

VII. L'HISTOIRE

29. La vie de tous les peuples est une lutte tragique entre le spontané et l'historique. Les peuples à l'état primitif savent percevoir quasi végétalement les caractères de la terre. Quand ils dépassent l'état primitif, ils se rendent compte que ce ne sont pas les caractères telluriques qui leur donnent leur figure propre, mais leur mission qui, au sein de l'universel, les différencie des autres peuples. Quand survient une époque de décadence de ce sentiment de mission universelle, les séparatismes commencent à refleurir. Les hommes se tournent de nouveau vers leur sol, leur musique, leur .terre, leur langue et de nouveau se trouve en péril la glorieuse intégrité de l'Espagne d'autrefois.

Discours, Valladolid, 4-3-34.

30. Comme je l'ai dit au Théâtre de la Comédie (*), le sens tout entier de l'Histoire et de la Politique est soumis à la loi de l'amour. Il suffit de comprendre l'amour pour qu'il nous dise à chaque instant, sans besoin d'un programme divisé en articles et paragraphes numérotés, l'heure où nous devons nous embrasser et l'heure où nous devons, nous affronter.

Discours, Madrid, 2-2-36.

(*) discours prononcé au théâtre de la Comédie à Madrid, le 29 octobre 1933, à l'occasion de la fondation de la Phalange.

31. Que nous assistions présentement à la fin d'une ère, c'est un fait que personne à peine n'ose nier, à moins de motifs intéressés. Cette ère à l'agonie a été brève et brillante. Sa naissance peut se placer dans la troisième décade du XVIIIème siècle. Son dynamisme interne peut s'exprimer grosso modo par un seul mot : l'optimisme. Le XIXème siècle, dominé par les ombres tutélaires de Smith et de Rousseau, croyait en fait qu'en abandonnant les choses à elles-mêmes, tout irait pour le mieux dans le domaine économique comme dans le domaine politique.

"Tradition et Révolution", Août 1935.

32. Notre temps ne fait pas quartier. Notre destin est un destin de guerre qui nous impose de n'épargner ni notre peau ni notre sang. Et par fidélité à ce destin, nous allons de place en place, endurait l'humiliation de l'exhibition publique, obligés d'exprimer à grands cris ce que nous «avons conçu dans l'austérité du silence; supportant l'imbécillité de ceux qui ne nous comprennent pas et l'antagonisme de ceux qui ne veulent pas nous comprendre, et nous cassant les reins à jouer l'habituelle comédie destinée à conquérir «d'opinion publique» comme si le peuple, qui peut brûler d'amour ou de colère, était capable aussi d'avoir, collectivement, une opinion.

Hommage et reproche a Ortega y Gasset, 5-12-35.

33. Toutes les jeunesses conscientes de leurs responsabilités brûlent de reconstruire le monde. Elles y travaillent par la voie de l'action, et, ce qui est plus important, par celle die la pensée constamment vigilante sans quoi l'action n'est que pure barbarie. Comment pourrions-nous nous soustraire à cette préoccupation universelle, nous, Espagnols, dont la jeunesse s'est épanouie au milieu des perplexités de l'après-guerre?

Tradition et Révolution", Août 1935.

34. Nous, les jeunes, qui sommes mus par des impulsions spirituelles, et affranchis de l'égoïsme grossier des vieux «caciques» (*), nous aspirons à créer une Espagne grande et juste, dans l'ordre et la foi.

"Arriba.", 7-11-35.

(*) Le "cacique", instrument de la politique de l'ancien régime dans les campagnes, exerçait sur les habitants des villages des pouvoirs tyranniques se basant sur la corruption, les prêts usuraires.

35. Qu'attendent-elles aujourd'hui les jeunesses sous l'intempérie ? Abandonneront-elles toute espérance ? Se retireront-elles dans leur tour d'ivoire ? Vont-elles de nouveau écouter les voix partisanes pour être, une fois de plus, séduites, puis désenchantées?

Ibid.

VIII. PATRIE,
PATRIOTISME

(A)

36. La Patrie est ce qui donne corps à un grand dessein collectif. Sans ce dessein il n'y a pas de Patrie, sans l'existence de cette foi en un destin commun, tout se résout à la province natale, aux saveurs et aux couleurs locales.

La cornemuse et la lyre, "F. E.", 11-1-34.

37. La Patrie est une unité totale où s'intègrent tous les individus et toutes les classes, la Patrie ne peut être le privilège de la classe la plus forte, ni du parti le mieux organisé. La Patrie est une synthèse transcendante, une synthèse indivisible, qui a des fins propres à accomplir.

Discours, Madrid, 29-10-33

38. [...] Un rêve d'unité et de tâche commune en face des particularismes étroits et un retour aux fragmentations qui pousse la Nation au suicide.

Exhortation à la Catalogne.

39. La Patrie est l'unique destin collectif possible. Si nous voulons la réduire à une échelle plus petite, à la maison, au terroir, il ne nous reste plus qu'une relation quasiment physique, si nous retendons à l'Univers tout entier, nous nous perdons dans un concept vague et insaisissable. La Patrie est justement ce qui donne lieu, sur une base physique, à une différenciation de l'Universel. La Patrie est précisément ce qui unit et différencie, dans l'ordre universel, le destin de tout un peuple, elle est, comme nous l'avons toujours dit, une unité de destin dans l'universel.

Conférence, Madrid, 9-4-35.

(B)

40. Nous voulons que la Patrie soit comprise comme une réalité harmonique et indivisible supérieure aux luttes entre les individus, les classes, les partis et les différences naturelles.

41. Une Patrie nette, légère, entreprenante, débarrassée du ridicule de l'opérette et de beaucoup de croûte traditionnelle. Non une patrie, qu'on exalte en de vulgaires effusions, mais une Patrie comprise et conçue comme exécutrice d'un grand destin !

42. La Patrie n'est pas seulement le territoire où se déchirent —ne fût-ce qu'avec les armes de l'injure— différents partis rivaux, tous ambitieux du pouvoir, ou le champ indifférent où se déroule l'éternelle lutte contre une bourgeoisie qui s'efforce d'exploiter un prolétariat et un prolétariat qui essaie de tyranniser une bourgeoisie. Elle est l'unité intime de tous au service d'une mission historique, d'une suprême destinée commune qui assigne à chacun sa tâche, ses droits et ses sacrifices.

Lettre ouverte à Luca de Tena, "A B C", 23-3-33.

(C)

43. [...] L'Espagne est quelque chose de plus qu'une forme constitutionnelle [...] l'Espagne est quelque chose de plus qu'une circonstance historique [...] l'Espagne ne pourra jamais être ce qui s'oppose à l'unité de son territoire, pas plus qu'à l'une quelconque de ses régions.

Cortès, 2-1-34.

44. L'Espagne n'est pas une vaine invocation, mais elle est l'expression intégrale d'un contenu spirituel et humain: la patrie, le pain. et la justice.

45. L'Espagne, depuis qu'elle existe, est et sera toujours une œuvre... L'Espagne a sa raison d'être dans une mission à accomplir.. L'Espagne ne peut s'abandonner à des périodes interminables d'oisiveté, de dispersion, de carence de raisons de vivre.

Cortès, 25-1-35.

(D)

46. L'Espagne a sa raison d'être dans sa vocation impériale d'unir les langues, les races, les peuples, ainsi que les coutumes, dans un destin universel.

47. L'Espagne est «irrévocable». Les Espagnols pourront décider de choses secondaires, niais pour ce qui est die l'essence même de l'Espagne, ils n'omit rien à décider. L'Espagne n'est, pas «nôtre» au même titre qu'un meuble patrimonial, notre génération n'est pas maîtresse absolue de l'Espagne, elle l'a. reçue des efforts de générations et de générations antérieures et a le devoir de la transmettre, comme un dépôt sacré, à celles qui lui succéderont. Si elle profitait de ce moment au cours des siècles pour diviser l'Espagne en morceaux, notre génération commettrait envers les suivantes une grave fraude et se rendrait coupable de la plus perfide trahison que l'on puisse imaginer.

L'Espagne est irrévocable, "F. E.", 19-7-34.

(E)

48. Si le patriotisme n'était que tendresse affective, il ne serait pas le plus élevé des amours humains. Les hommes le céderaient en patriotisme aux plantes, qui les surpassent quant à rattachement à la terre. On ne peut appeler patriotisme le sentiment que nous trouvons en premier lieu dans notre esprit : l'imprégnation élémentaire par le tellurique.

Pour que le patriotisme soit de la plus haute qualité, il doit aller précisément à l'autre extrême. il doit être le sentiment le plus ardu. le plus épuré de gangues terrestres, le plus acéré et net de contours, le plus invariable.

Ce qui veut dire qu'il doit planter ses assises non dans le domaine des sens, mais dans celui de l'intelligence.

Cornemuse et lyre, "F E ", 11-1-34

49. Il n'y a pas de patriotisme fécond s'il n'a pas suivi le dur chemin de la critique. Et je puis vous dire que le nôtre l'a suivi. Aussi n'éprouvons-nous pas la moindre émotion devant ce patriotisme d'opérette qui se complaît dans la médiocrité, dans la mesquinerie de l'Espagne d'aujourd'hui, ou qui se délecte dans de grossières interprétations du passé. Nous, c'est parce qu'elle ne nous plaît pas que nous aimons l'Espagne. Ceux qui aiment leur patrie parce qu'elle leur plaît, l'aiment avec un désir de contact, l'aiment physiquement, l'aiment sensuellement. Nous, nous l'aimons avec une volonté de perfection. La ruine, la décadence présente de notre Espagne physique, nous la détestons. C'est l'éternelle et immuable métaphysique de l'Espagne que nous aimons !

Discours, Madrid, 19-5-35.

50. [...] cette forme de patriotisme est plus difficile à sentir, mais c'est dans cette difficulté que réside sa grandeur. Du fait même que le patriotisme de la terre natale se sent sans effort, et avec une sensualité envenimée, c'est une belle entreprise humaine que de s'en dégager et de le dominer par le patriotisme de la dure mission de l'intelligence. Voici quelle sera la tâche d'un nouveau nationalisme: remplacer les tentatives velléitaires de combattre les mouvements romantiques avec des armes romantiques, par une forcé capable d'élever devant le débordement romantique des redoutes classiques fermes et inexpugnables, fixer les bases du patriotisme non dans l'affectif, mais dans l'intellectuel, faire du patriotisme non un vague sentiment qui se fane à la moindre velléité, mais une vérité aussi immuable que les vérités mathématiques. Le patriotisme n'en sera pas pour cela, nécessairement, un simple produit de l'intelligence.

Essai sur le nationalisme, Avril, 1934.

IX. THEORIE DE LA NATION

51. La nation n'est pas une réalité géographique, ni ethnique, ni linguistique, elle est essentiellement une unité historique. Un groupe d'hommes sur un morceau de terre n'est une nation qu'en fonction de l'universel, s'il accomplit un destin particulier dans l'Histoire, un destin que n'est pas celui des « autres». Ce sont toujours «des autres» qui nous démontrent que nous sommes «quelqu'un».

Dans la vie en commun des hommes, je suis celui qui n'est aucun des autres. Dans la vie en commun de l'univers, chaque nation est ce que ne sont pas les autres. On ne les connaît que par les modalités selon lesquelles elles accomplissent un destin à la fois particulier et universel.

"F. E.", 7-12-33.

52. Pour nous, la nation n'est pas simplement l'attraction de la terre qui nous a vu naître, l'émotion directe et sentimentale que nous ressentons tous au voisinage de notre terroir. La nation est une unité de destin dans l'universel, c'est le rang auquel s'élève un peuple quand il accomplit un destin universel dans l'Histoire.

Cortès, 4-1-34.Cort

53. Les nations ne sont pas des «contrats» qui peuvent être résiliés par la volonté de ceux qui les ont conclus, ce sont des «fondations» avec une substance propre, qui ne dépend pas de la volonté de quelques-uns d'un grand nombre.

54. Pour bien nous comprendre, il convient de donner au mot «nation» la signification précise que voici : la nation est la société politique capable de se servir de l'Etat comme moyen d'action. Sur cette base se précise notre objet qui est de déterminer clairement ce qu'est la nation, soit la réalité spontanée d'un peuple, comme le pensent les nationalismes romantiques, soit au contraire quelque chose qui ne peut pas être défini par les caractères natifs.

Essai sur le nationalisme. Avril, 1934.

55. La thèse romantique tendait à la «disqualification», c'est-à-dire, à la suppression de tout ce qui s'est ajouté par l'effort (par le Droit, par l'Histoire) aux entités primitives : individu et peuple [...] Le Droit a transformé «l'individu» en «personne». L'Histoire a transformé le peuple en «polis».
Selon la thèse romantique, il était essentiel de retourner au primitif, au spontané, dans un cas comme dans l'autre.

Ibid

56. Le romantisme est une attitude de faiblesse, on peut dire assez exactement qu'il enfonce les piliers fondamentaux en terrain marécageux, le romantisme est une école sans bases fixes qui, à chaque minute, à chaque moment critique, confie à la sensibilité la mission de résoudre de problèmes qui ne devraient être proposés qu'à la raison.

Cortès. 3-7-34. 65

57. Le romantisme était imbu de «naturalisme». Le «retour à la Nature» fut sa consigne. Il en vint à confondre la nation avec ce qui est «natif». Ce qui déterminait une nation, c'étaient les caractères ethniques, linguistiques, typographiques, climatologiques, à la limite, la communauté d'usages, de coutumes, de tradition, mais celle-ci étant comprise, à peu de chose près, comme la somme des usages dans le temps, et non comme l'élan d'un processus historique, d'une position de départ vers un but sans doute inaccessible.
Les nationalismes les plus dangereux par leur puissance de désintégration sont ceux qui ont compris la nation de cette manière. Si l'on accepte que la nation soit déterminée par le spontané, les nationalismes régionaux y gagnent une position inexpugnable. Il n'y a aucun doute que le spontané leur donne raison... Il est facile de ressentir le patriotisme local. Il y a dans tout cela comme un appel sensuel qui se perçoit jusque dans l'odeur

du sol, un courant physique, primitif et éblouissant, quelque chose de semblable à l'ivresse et à la plénitude des plantes à l'époque de la fécondation. C'est à ce climat rustique et primaire que les nationalismes du type romantique doivent leur extrême fragilité.

Rien n'irrite plus les hommes et les peuples que de se sentir entravés dans leurs impulsions élémentaires.

Quand on blesse un de ces sentiments primaires installés au plus profond de la spontanéité d'un peuple, la réaction antagonique est inévitable, même de la part de ceux qui sont le moins envahis par l'esprit nationaliste. Il s'agit quasiment d'un phénomène biologique. Mais l'attitude de ceux qui se sont efforcés d'éveiller directement en facs du sentiment patriotique, local, un simple sentiment patriotique unitaire, n'est pas beaucoup plus avisée. Sentiment pour sentiment, le plus simple est toujours le plus puissant. Si l'on descend sur le terrain des émotions perceptibles par unie sensibilité presque végétale, ce sont les sensations les plus primitives qui sont le plus intenses.

Comment faire revivre, alors, le patriotisme des grandes unités hétérogènes ? Rien moins qu'en révisant le concept de nation pour le reconstruire sur d'autres bases.

Et là, ce que nous avons dit de la différence entre «individu» et «personne» peut nous servir de directive. De même que la personne est l'individu considéré en fonction de la société, la nation est le peuple considéré en fonction de l'universalité. Un peuple n'est pas une nation en vertu de couleurs ou de saveurs locales ou de particularités physiques quelles qu'elles soient, mais par le fait qu'il est «autre dans l'universel», c'est-à-dire, parce qu'il accepte un destin qui n'est pas celui des autres nations. Tout peuple ou tout groupement de peuples n'est donc pas une nation. Seuls le sont ceux qui accomplissent un destin historique différencié dans l'universel.

De là vient qu'il est superflu de préciser si une nation possède les caractères d'unité géographique, de race ou de langue; l'important est de déterminer si elle possède, dans l'universel, l'unité de destin historique.

Les époques classiques ont compris cela avec leur clarté habituelle. C'est pour cela qu'elles n'ont jamais employé les mots. «patrie» et «nation» dans le sens romantique, ni ancré leur patriotisme dans l'obscur amour de la terre. Elles préféraient, au contraire, les expressions comme «Empire» ou «service du Roi», c'est à dire, les expressions qui se réfèrent à l'instrument historique. Le mot «Espagne», qui est, en lui-même, l'énoncé d'un dessein, aura toujours beaucoup plus de sens que l'expression «nation espagnole». Et en Angleterre qui est probablement le pays du patriotisme le plus classique, non seulement le mot patrie n'existe pas, mais peu de gens peuvent séparer le mot « king » (roi), symbole de l'unité d'action dans l'Histoire, du mot « country » (pays), base territoriale de l'unité.

Nous voici au terme de notre voyage. Seul le nationalisme de la nation ainsi comprise peut dominer l'effet de désagrégation des nationalismes locaux. Il faut reconnaître tout ce que ceux-ci ont d'authentique, mais il faut susciter en face d'eux un mouvement énergique ayant comme aspiration le nationalisme missionnaire qui conçoit la Patrie comme une unité historique de destin.

Essai sur le nationalisme, Avril, 1934.

X. L'ETAT

(A)

58. Nous voulons que l'Etat soit en tout temps un instrument au service d'une destinée historique, au service d'une mission historique une et indivisible. Nous estimons que l'Etat se porte bien s'il a foi en ce destin historique total et s'il considère le peuple comme une intégrale d'aspirations. Car, pour nous, le peuple est une intégrale de destin, d'effort, de sacrifice et de lutte, qui doit être considéré en bloc, qui s'avance dans l'Histoire en bloc, et qui doit être servi en bloc.

Cortès. 19-12-33.

59. Nous considérons que l'Etat —comme l'individu ou la classe— ne peut justifier sa conduite que s'il se règle à chaque instant sur une norme permanente.

Cortès, 19-12-33.

60. Que veut-on dire par un Etat fort ? Un Etat ne peut être fort que s'il sert un grand destin, s'il se sent l'agent d'exécution du destin d'un peuple. Sinon, il n'est que tyrannique.

Conférence, Madrid, 9-4-35.

61. [...] seul peut être fort, sans être tyrannique, l'Etat qui sert une unité de destin. C'est pour cela que l'Etat fort, serviteur de cette conscience d'Unité, est la vraie garantie de la liberté de l'individu. En revanche, l'Etat qui ne se sent pas serviteur d'une unité suprême craint constamment de passer pour tyrannique.

Conférence, "L'Espagne et la barbarie", Valladolid, 5-3-35.

62. [...] La divinisation de l'Etat est justement le contraire de ce que nous désirons.

Cortès, 19-12-33.

63. Le point de vue qui oppose l'individu à l'Etat et qui considère leurs souverainetés comme antagoniques, est faux.
Ce concept de souveraineté a coûté beaucoup de sang au monde, et, lui en coûtera encore, parce que cette souveraineté est le principe qui légitime n'importe quelle action de son exécutant par la seule raison qu'il est ce qu'il est. Naturellement, en face du droit du souverain de faire ce qu'il veut, l'individu proclame le sien de faire aussi ce qu'il veut... Le cas est donc insoluble.

Conférence, "Etat, Individu, Liberté", 4-4-35.

64. L'Etat se retranche derrière sa souveraineté, l'individu derrière la sienne, tous deux luttent pour leur droit de faire ce que bon leur semble. Le cas n'admet pas de solution. Mais on peut mettre fin à cette lutte d'une façon juste et féconde, si l'on pose le problème sur une autre donnée. Si l'on conçoit le problème de l'individu en face de l'Etat non comme une simple concurrence de pouvoirs et de droits, mais comme un processus tendant à réaliser une fin, à accomplir un destin, alors l'antagonisme destructeur disparaît. La Patrie devient une «unité de destin dans l'Universel» et l'individu le porteur d'une mission particulière dans l'harmonie de l'Etat. Il ne reste plus de place pour aucune sorbe de dispute; l'Etat ne peut plus faillir à sa tâche, ni l'individu cesser de travailler à la sienne, dans l'ordre parfait de la vie de la Nation.

L'idée du «destin» justificateur de l'existence d'une construction (Etat ou système) remplit l'époque la plus grande qu'ait connue l'Europe, le XIIIème siècle, le siècle de Saint Thomas. Et elle est née dans l'esprit des moines. Les moines firent face au pouvoir des rois et le leur dénièrent s'ils ne le justifiaient pas par l'accomplissement d'un grand dessein.

Une fois acceptée cette définition de l'être humain —porteur d'une mission, unité d'accomplissement d'un destin—, la conception noble, grande, robuste du «service» s'épanouit. Si personne n'existe, si ce n'est comme exécutant d'une tâche, c'est précisément en «servant», que l'homme atteint sa personnalité, son unité et sa liberté propres dans l'harmonie générale. Nul ne se sent plus double, dispersé, partagé entre ce qu'il est en réalité et ce qu'il représente dans la vie publique. L'individu intervient alors dans l'Etat comme exécutant d'une fonction, et non par le truchement des partis politiques, non comme représentant d'une fausse souveraineté, mais comme titulaire d'un emploi, chef d'une famille, membre d'une commune. Il se trouve ainsi, en même temps qu'ouvrier laborieux, dépositaire du pouvoir [...] L'Etat, synthèse de tant d'activités fécondes, prend soin de son destin universel. Et comme le Chef est celui à qui est confiée la magistrature la plus haute, il est aussi celui qui «sert» le plus. Coordinateur de multiples destinées particulières, pilote au gouvernail de la grande nef de la Patrie, il en est le «premier serviteur», comme celui qui incarne la plus haute magistrature de la terre, il est le «serviteur des serviteurs de Dieu».

Ibid.

XI. LA POLITIQUE

(A)

65. Si une politique ne se montre pas exigeante dans ses principes —c'est-à- dire, rigoureuse dans sa position intellectuelle—, elle n'est plus guère qu'un vol pesant à la surface de la médiocrité.

Hommage et reproches à Ortega y Gasset, "Haz", 5-12-35.

(B)

66. La politique est, avant tout, temporelle. La politique est un jeu contre le temps, où l'on n'a pas le droit d'être en retard. En politique, il faut arriver et arriver à l'heure.

Ibid.

67. [...] Aucun régime ne peut se soutenir s'il ne réussit pas à enrôler la génération qui est jeune au moment où il naît, et pour enrôler la jeune génération il faut trouver les paroles justes, il faut savoir formuler avec justesse la conception idéologique du régime.

Cortès, 6-6 34.

68. Quand on arrive à une position politique par le chemin passablement dramatique qu'il m'a fallu suivre, par le chemin où j'ai souffert de beaucoup de choses au plus vif de ma vie, intime, on ne sort pas dans le monde extérieur on n'abandonne pas sa tranquillité, sa vocation, ses moyens normaux d'existence, la possibilité de cultiver son esprit 'et celle de vivre loin du bruit dans le silence qui, seul, engendre les œuvres fécondes, on n'abandonne pas tout cela, dis-je, pour le plaisir de lever le bras ici ou là. On le fait parce que notre génération qui a peut-être devant elle trente ou quarante ans à vivre ne se résigne pas à continuer de vivre dans une atmosphère raréfiée par l'absence d'intérêt historique et le manque de justice sociale.

Ibid.

69. Il faut croire en quelque chose. Est-on jamais arrivé à quelque chose par l'attitude libérale ? Quant à moi, franchement, je ne connais de résultats féconds que ceux de la politique de la foi, dans un sens ou dans un autre. Quand un Etat se laisse gagner par la conviction que rien n'est bien ni mal, et que seule lui incombe une mission de police, cet Etat est tué raide par le premier souffle brûlant de foi qui s'élève. Il suffit de quelques élections municipales.

Lettre ouverte à Luca de Tena, "ABC", 22-3-33.

70. Toute grande politique s'appuie sur la naissance d'une grande foi. Quand l'homme politique se tourne vers le monde extérieur —vers le peuple, vers l'histoire— sa fonction est religieuse et poétique. Les fils de communication entre le chef et le peuple ne sont pas strictement mentaux, mais poétiques et religieux. C'est précisément pour que le peuple ne se dilue pas et ne devienne pas amorphe—pour qu'il ne se « dévertèbre » pas—qu'il faut que la masse suive ses chefs comme des prophètes. Cette interpénétration de la masse et des chefs se réalise par un processus semblable à celui de l'amour. De là, l'imposante gravité du moment où l'on accepte une mission de commandement. Rien qu'en l'assumant, on contracte une responsabilité immense et inéluctable, celle de révéler à un peuple — incapable en tant que masse de le découvrir par lui-même— son authentique destin. Celui qui frappe la première note de la mystérieuse musique de chaque époque n'a plus, dès lors, le pouvoir de refuser de terminer la mélodie. Il porte déjà le poids de l'illusion d'un peuple, et déjà s'ouvre la redoutable comptabilité de l'administration des espoirs qu'il a fait naître. Quelle ne sera pas sa responsabilité si, comme dans le poème de Browning, il entraîne au son de ses pipeaux une foule infantile pour l'ensevelir sous la montagne dont on ne revient pas !

Hommage et reproches à Ortega y Gasset, "Haz", 5-12-35.

71. La flamme d'une foi nouvelle s'est allumée en Europe et brûle déjà en Espagne, d'une foi nouvelle qui reconnaît comme vérité première, dans l'ordre terrestre et civique, qu'un peuple est une entité complète, indivisible et vivante avec un destin propre à accomplir dans l'universel. Le bien-être de chacun de ceux qui composent le peuple ne réside pas dans l'intérêt individuel mais dans l'intérêt collectif que la communauté doit sentir comme sien, jusqu'au bout, sans hésitation. Aucun intérêt particulier légitime n'est étranger à l'intérêt de la communauté, et par conséquent il n'est permis à personne d'ébranler les fondations de la communauté pour des raisons d'intérêt particulier, de caprice intellectuel ou d'orgueil.

Nouvelle lumière en Espagne, Mai, 1934.

72. La tâche de notre temps est de rendre aux hommes l'ancienne saveur de la règle et du pain, de leur faire sentir qu'il vaut mieux obéir à une règle que de vivre sans frein, et que si l'on veut parfois se déchaîner il faut être sûr de pouvoir retrouver un ancrage solide. Et, d'autre part, dans le domaine économique, de remettre l'homme debout, les pieds sur la terre, de le relier d'une manière plus profonde aux choses: au foyer où il vit, à l'ouvrage quotidien de ses mains.

Tradition et Révolution, Août 1935.

(C)

73. L'homme c'est le système. Et cela est une des vérités profondes que le fascisme a remis en valeur. Le XIXème siècle a gâché tout son temps à inventer des machines à bien gouverner. Autant aurait valu essayer d'inventer la machine à penser ou à aimer. Aucune chose authentique, éternelle et difficile comme gouverner n'a jamais pu être faite à la machine, il a toujours fallu avoir recours en dernière heure à l'unique appareil qui, depuis le commencement du monde, est capable de diriger les hommes : à l'Homme, c'est-à-dire au chef, au héros.

"L'homme est le système".

74. Quelle machine à gouverner, quel système de poids et de balances, de conseils et d'assemblées pourra jamais remplacer cette image du Héros devenu Père, veillant à la lueur d'une petite lampe éternelle sur le labeur et le repos de son peuple ?

Ibid

75. [...] ce chef incarnera de nouveau le système pour de longues années. Mais lui (le Duce, le Guide) restera uni à la foi de son peuple par le lien élémentaire, humain, éternel : la communion d'homme à homme qui a marqué toutes les grandes entreprises de l'Histoire.

Ibid

(D)

76. Les ères peuvent se diviser en ères classiques et en ères médiévales. Celles-ci sont caractérisées par la recherche de l'unité, celles-là sont celles qui l'ont trouvée. Les ères classiques, quand elles ont achevé leur carrière, finissent toujours par le dépérissement, la catastrophe, l'invasion des barbares.

Conférence, "L'Espagne et la barbarie", Valladolid, 3-3-35.

77. Mais au plus fort des invasions barbares, on a toujours sauvé les germes des valeurs permanentes que contenait déjà le moyen-âge précédent. Les barbares submergèrent le monde romain, mais leur sang neuf féconda une fois de plus les idées du monde classique. De même plus tard, la structure du Moyen-Age et de la Renaissance se forma sur les bases spirituelles déjà posées par l'Antiquité.

Et dans la révolution russe, dans l'invasion des barbares à laquelle nous assistons, se trouvent déjà cachés et jusqu'à présent niés les germes d'un futur ordre meilleur. Notre devoir est de sauver ces germes. Notre volonté est de les sauver. Voilà le vrai travail qui est réservé à l'Espagne et à notre génération : passer de la rive d'un ordre économique et social qui s'écroule à la rive fraîche et pleine de promesses de l'ordre de demain — mais sauter par un effort de notre volonté, de notre impulsion et de notre clairvoyance [...] et sauter sans être emporté par le torrent de l'invasion barbare.

Discours, Madrid, 17-11-35.

78. Le matériel, personne ne peut le sauver l'important est que la catastrophe du matériel ne ruine pas aussi l'esprit, les valeurs essentielles de l'esprit. Et c'est cela que nous voulons sauver coûte que coûte, même au prix du sacrifice de tous les avantages économiques. Leur perte sera bien payée par la gloire de l'Espagne, de notre Espagne, si elle parvient à endiguer la grande invasion des barbares.

Conférence, "L'Espagne et la barbarie", Valladolid, 3-3-35.

XII. THEORIE DE LA REVOLUTION

(A)

79. [...] une société qui sait qu'elle doit se réformer, c'est qu'elle a conscience de sa propre injustice, et une société qui se croit injuste n'est pas capable de se défendre avec vigueur.

Cortès, 6-11-34.

(B)

80. Nul ne joue sa vie pour un bien matériel. Les biens matériels, quels qu'ils soient, se placent toujours au-dessous du bien supérieur de la vie. Quand on met en jeu une vie «agréable», quand on risque ses avantages matériels, c'est qu'on se sent plein de ferveur mystique pour une religion, pour une patrie, pour l'honneur ou le sens nouveau de lia société dans laquelle on vit.

Cortès, 6-11-34.

81. Les rebellions sont toujours le résultat pour le moins de deux ingrédients : le premier, diffus, est un élément intérieur, un manque de raison interne dans le régime en vigueur. Il faut que cet élément existe pour qu'une rébellion se produise avec des chances de triomphe. Pour qu'une rébellion soit seulement tentée, il faut qu'il y ait un certain mécontentement, un manque de raison de vivre dans le régime contre lequel la rébellion éclate. Cela est indubitable : des rebellions n'ont jamais éclaté que contre des régimes qui commençaient à devenir caducs. D'autre part, il faut qu'il existe un élément historique énergique qui, exploitant cet état de défaillance, ce manque de raison interne de vivre dans l'état politique qu'il s'agit de détruire se lance à l'attaque avec plus ou moins de succès.

Cortès, 25-1-35.

(C)

82. Le fait de tout laisser rouler, arrive ce qui arrive, est une attitude caractéristique des époques fatiguées, dégénérées, laisser tout rouler est plus facile que de recueillir les morceaux, les arranger, séparer ce qui est bon de ce qui est périmé... La paresse ne serait-elle pas la muse de bien des révolutions ?

Tradition et Révolution, Août 1935.

(D)

83 Tout fait, tout régime historique qui s'impose par un acte de violence peut s'envisager de deux façons : soit comme une collection d'anecdotes, de dates locales et individuelles ou bien comme un phénomène entier, né d'un point de vue total, dans l'ordre du destin propre que cet ordre historique s'assigne à lui-même dans l'avenir.

Cortès, 6-6-34.

(E)

84. Une révolution est toujours, en principe, une chose anticlassique. Toute révolution change le rythme, pour juste qu'il soit, de bien des unités harmoniques. Mais une révolution une fois en marche n'a plus que deux possibilités : ou elle inonde tout, ou on la canalise. Ce que l'on ne peut faire, c'est l'éluder, faire comme si on l'ignorait.

La victoire sans ailes, "F E", 7-12-33.

85. Une révolution est nécessaire quand, à la fin d'un processus de décadence, le peuple a déjà perdu ou est sur le point de perdre toute forme historique.

"Arriba", 30-5-35.

86. Une révolution —si elle veut être féconde et ne pas se disperser en émeutes éphémères— exige la conscience claire d'une norme nouvelle et une volonté résolue pour l'appliquer.

Autour de la Révolution, "Haz", 12-10-33.

87. La révolution est nécessaire, non pas précisément quand le peuple est corrompu, mais quand ses institutions, ses idées, ses goûts, ont abouti à la stérilité ou sont sur le point de l'atteindre. A ce moment se produit la dégénérescence historique. Non la mort par catastrophe, mais le lent noyage dans une vie sans grâce ni espérance. Toutes les attitudes collectives naissent chétives, comme les produits de reproducteurs épuisés. La vie de la communauté s'aplatit, s'abêtit, se noie dans le mauvais goût et la médiocrité. Il n'y a, pas de remèdes à cela, sinon par une coupure et un nouveau commencement. Les sillons ont besoin de semence nouvelle, de semence historique, parce que l'ancienne a épuisé sa fécondité. Mais qui sera le semeur ? Qui aura à choisir la semence et le moment pour la lancer sur la terre ? Voilà qui est difficile.

Ibid.

88. Quiconque médite ces minutes est obligé de se poser cette question : «à la fin d'une période historique stérile, quand un peuple —par sa propre faute ou par celle d'autres— a laissé rouiller tous ses grands ressorts, comment peut-il mener à bien, par lui-même, l'immense tâche de sa propre régénération ? » [...] Un peuple tombé est incapable de concevoir et d'appliquer la règle. En cela consiste le désastre. Avoir en main les ressorts précis qu'il faut pour mener à bien une révolution féconde, est un signe indubitable que la révolution n'est pas nécessaire. Et, au contraire, avoir besoin de la révolution, c'est manquer de la clarté et de l'impulsion nécessaires pour l'aimer et la réaliser. En un mot, les peuples ne peuvent se sauver en masse par eux-mêmes parce que le fait d'être apte à réaliser son salut prouve déjà que l'on est sauf.

Ibid.

89. La masse d'un peuple qui a besoin d'une révolution ne peut pas faire la révolution.

Ibid.

90. Les peuples n'ont jamais été mis en mouvement que par les poètes, et malheur à celui qui ne sait pas élever en face de la poésie qui détruit la poésie de l'espoir.

Discours, Madrid, 29-10-33.

(G)

91. Quiconque se lance dans l'entreprise d'une révolution prend par là même l'engagement de la terminer, ce qu'il ne peut pas faire c'est l'escamoter.

Cortès, 25-1-35.

92. [...] Malheur à ceux qui n'affrontent pas l'âpre torrent de la révolution — aujourd'hui encore plus ou moins invisible— pour canaliser vers le bien toute son impétuosité.

"F.E.", 7-12-33.

93. [...] la révolution ne peut être sauvée que si elle trouve un homme que les masses ne tardent jamais à traiter de «traître». Les masses, dans leur inconscience ingénue, considèrent toujours comme tiède ce que font les chefs, elles se croient toujours trahies. Il est vain de chercher à échapper à cette réprobation en cédant de plus en plus à leurs cris. Il n'y a qu'une espèce d'hommes qui échappe au châtiment que les masses infligent à ceux qu'elles accusent de trahison; ce sont ceux qui ne se préoccupent pas d'être fidèles aux petits côtés de la révolution, mais qui savent deviner son sens profond et la libérer par des voies que, sans eux, la masse n'aurait même pas soupçonnées. Paradoxe sans doute, mais ces traîtres sont les seuls serviteurs loyaux et efficaces de la destinée populaire.

"Arriba", 31-10-35.

94. Les chefs d'un mouvement, révolutionnaire ont l'obligation de supporter, entre autres, l'accusation de trahison. La masse croît toujours qu'elle est trahie. Rien n'est plus inutile que d'essayer de la flatter pour échapper à cette accusation.

Autour de la Revolution, "Haz", 12-10-35.

95. Aucune révolution ne produit de résultats stables si elle n'enfante pas un César. Lui seul est capable de deviner le courant historique souterrain d'arrière la clameur éphémère des masses. La masse généralement ne le comprend pas et ne lui accorde aucune reconnaissance. Pourtant, lui seul la sert.

"Arriba", 31-10-35.

96. La révolution est l'œuvre d'une minorité résolue, inaccessible au découragement, d'une minorité dont la masse ne comprend pas les premiers mouvements parce que, victime d'une période de décadence, elle a perdu cette chose précieuse qu'est la lumière intérieure.

Autour de la Révolution, "Haz", 12-10-35.

(H)

97. Un acte révolutionnaire quelconque ne se justifie pas, et ne s'est jamais justifié conformément aux règles de l'ordre juridique antérieur à la révolution. Tout système politique existant dans le monde, sans aucune exception, est né de la lutte ouverte contre l'ordre politique régnant, parce que les prérogatives des ordres politiques ne comprennent pas la faculté de tester.

Cortès, 6-6-34.

98. [...] Un régime révolutionnaire ne trouve sa justification que dans ses états de service, dans ses états de service considérés sous l'angle historique et non sous l'angle anecdotique et mesurés par la confrontation entre ce que se proposait le régime révolutionnaire au jour de la rupture avec le régime antérieur et ce qu'il laisse après lui à la fin de son cycle.

ibid.

XIII.LE COMMANDEMENT

99. La dignité de chef est la charge suprême, celle qui oblige à tous les sacrifices —y compris la perte de l'intimité— celle qui exige la divination quotidienne de choses non mesurables, avec l'angoissante responsabilité d'œuvrer.

C'est pour cela qu'il faut, considérer cette dignité avec humilité, comme un simple poste de combat que l'on ne peut déserter, quoi qu'il arrive, par impatience, découragement ou lâcheté.

Discours de Valladolid, 21-1-35.

100. Le chef ne doit pas obéir au peuple, il doit le servir, ce qui est différent, le servir, c'est orienter l'exercice du commandement vers le bien public et l'obtenir même si le peuple lui-même le méconnaît; c'est-à-dire, que le chef doit avant tout se sentir d'accord avec le destin historique du peuple, fut-ce contre les impulsions de la masse.

Autour de la Révolution, 'Haz", 12-10-35.

101. Etre un chef, triompher, pour dire le lendemain à la masse : «C'est toi qui commande et le suis là pour t'obéir» c'est se décharger lâchement du fardeau du pouvoir.

Ibid.

102. Il n'y a pas d'excuse pour les chefs qui désertent.

Ibid.

103. Le conducteur de peuple n'a pas droit au désenchantement. Il n'a pas le droit de capituler et de livrer, une fois leurs illusions perdues, ceux qui le suivaient.

Ibid.

DEUXIEME PARTIE :
CRITIQUE

I. CRITIQUE DU LIBERALISME POLITIQUE

(A)

104. Le libéralisme est, dans un sens, le régime sans foi, le régime qui abandonne tout, jusqu'aux choses essentielles du destin de la Patrie, aux hasards de la discussion. Pour le libéralisme, rien n'est absolument vérité ni mensonge. La vérité est, dans tous les cas, ce que proclame le plus grand nombre de votes. Peu importe au libéralisme qu'un peuple décide de se suicider, pourvu que la proposition de suicide soit régulièrement soumise à la procédure de la loi électorale. [...] Et comme le fonctionnement de la loi électorale oblige à stimuler la vie des partis en les excitant les uns contre les autres, le système libéral est le système de la désunion perpétuelle, de l'absence permanente d'une foi populaire en une communauté profonde de destin.

Nouvelle lumière en Espagne, Mai, 1934.

105. Le libéralisme se sert des idées pour nous exciter et nous diviser, le socialisme creuse entre nous le fossé, plus profond encore, de la lutte économique. Que fait-on, dans l'un et l'autre de des régimes, de l'unité de destin, sans quoi aucun peuple n'est à proprement parler un peuple?

Ibid.

106. L'Etat ne croit en rien, l'Etat ne croit ni en la liberté, ni en la souveraineté du peuple, puisqu'il les suspend chaque fois qu'il est nécessaire. L'Etat ne se croit pas même dépositaire ou exécutant d'un fin suprême.

Cortès, 6-11-34.

107. L'Etat libéral ne croit en rien, même pas en lui-même. Il assiste les bras croisés à toutes sortes d'expériences, y compris celles destinées à le détruire lui-même. Il lui suffit que tout se déroule suivant certaines procédures réglementaires. Peut-on imaginer rien de plus stupide ? Un Etat pour lequel rien n'est vrai érige ce principe de scepticisme, et lui seul, en vérité absolue et indiscutable. Il fait un dogme de l'anti-dogmatisme. D'où il s'ensuit que les libéraux seraient prêts à se faire tuer pour soutenir qu'aucune idée ne vaut la peine que les hommes s'entretuent.

1ère Lettre ouverte à Luca de Tena, "A B C", 22-3-33.

108. Le libéralisme se moque des malheureux, il proclame des droits merveilleux: la liberté de pensée, la liberté de propagande, la liberté de travail... Mais ces droits ne sont en réalité que des objets de luxe réservés aux favoris de la fortune.

Les pauvres, en régime libéral, on ne les fait pas travailler au bâton, mais on les réduit par la faim. L'ouvrier isolé, titulaire sur le papier de tous les droits, a le choix entre mourir de faim ou accepter les conditions, si dures soient-elles, que lui offre le capitalisme. Sous le régime libéral, on assiste à cette cruelle plaisanterie d'hommes et de femmes qui travaillent jusqu'à épuisement douze heures par jour, pour un salaire de misère, et que la loi déclare néanmoins hommes et femmes libres.

Nouvelle lumière en Espagne, Mai, 1934.

109. Quand en mars 1762, un homme néfaste qui se nommait Jean-Jacques Rousseau publia le «Contrat social», la vérité politique cessa d'être une entité permanente. Auparavant, dans d'autres époques plus profondes, les Etats, exécuteurs, de missions historiques, inscrivaient sur leurs frontons, et jusqu'au ciel, les mots Justice et Vérité. Jean-Jacques Rousseau vint et nous apprit que la justice et la vérité n'étaient pas des catégories permanentes de la raison, mais le résultat, à chaque instant, de décisions de la volonté.

Discours, Madrid, 29-10-33.

110. Le philosophe genevois est un homme malade, délicat, raffiné. C'est un homme (comme Spengler prétend qu'il arrive à tous les romantiques — et celui-là était un précurseur direct des romantiques) qui est fatigué de vivre dans une société trop saine, trop visible, trop robuste. Le poids de cette société trop rigide l'angoisse et il éprouve le besoin urgent de s'échapper, de retourner à la nature, de se libérer de la discipline, de l'harmonie, de la règle.

Il a l'obsession de la nature et la note dominante de tous ses écrits, c'est le retour à la liberté. Le plus fameux de ses livres, le livre qui va dominer tout le XIXème siècle et ne perdra guère son influence que de nos jours, ne commence pas exactement comme on l'a beaucoup dit, mais presque, par une phrase qui est un soupir : «L'homme naît libre et partout il est dans les fers.» Le «Contrat sociale» trouve injustifiables les autorités transmises traditionnellement en vertu d'une désignation prétendue divine, ou basée sur la tradition. Il trouve ces pouvoirs injustifiables et veut tout reconstruire sur sa nostalgie de la liberté. Il dit : l'homme est libre, il est libre par nature et ne peut, en aucune manière, renoncer à être libre, il ne peut être soumis à d'autre système qu'à celui qu'il accepte de par sa libre volonté, à la liberté il ne peut jamais renoncer, parce que cela reviendrait à renoncer à la qualité d'homme.

En outre, s'il renonçait à la liberté, il signerait un pacte nul de plein droit par faute de contrepartie. Il ne peut rien d'autre qu'être libre, irrémédiablement libre. En conséquence, on ne peut établir aucune forme d'Etat contre la libre volonté de ceux qui composent une société. C'est un «contrat» qui est à l'origine de sociétés politiques, ce contrat, le concours de ces volontés, engendre une volonté supérieure, une volonté qui n'est, pas la somme des autres, mas qui existe par elle-même, qui est un «je» différent, supérieur aux personnes qui lui ont donné naissance et indépendant d'elles.

Et cette volonté souveraine, cette volonté détachée maintenant des autres volontés est la seule qui ait le droit de légiférer. C'est elle qui a toujours raison. C'est elle, et elle seule, qui peut s'imposer aux hommes sans que ceux- ci aient jamais raison contre elle, car s'ils s'opposaient à elle, ils s'opposeraient à eux-mêmes. Cette volonté souveraine ne peut ni se tromper, ni vouloir le mal de ses sujets.

Conférence, Madrid, 9-4-35.

111. Jean-Jacques Rousseau admettait que l'ensemble de ceux qui forment un peuple possède une âme supérieure, d'une hiérarchie supérieure à celle de chacune de nos âmes, et que ce «je» supérieur est doué d'une volonté infaillible, capable de définir à chaque instant le juste et l'injuste, le bien et le mal. Et comme cette volonté collective, cette volonté souveraine ne s'exprime que par le moyen du suffrage —conjecture des plus nombreux triomphant de la conjecture des moins nombreux dans la divination de cette volonté supérieure— il en résulte que le suffrage, cette farce des petits papiers disposés dans une urne de verre, possède la vertu de nous dire, à chaque instant, si Dieu existe ou n'existe pas, si la vérité est la vérité, si la Patrie doit continuer à vivre ou s'il serait préférable qu'elle se suicidât sur le champ.

Discours, Madrid, 29-10-33.

112 La Révolution trouve tout prêts les principes de Rousseau et les adopte. La Constitution de 1789, celle de 1791, celle de 1793, celle de l'An III et celle de l'An VIII formulent le principe de la souveraineté nationale à peu près avec les mêmes mots que Rousseau : «Le principe de toute souveraineté réside essentiellement dans la Nation. Aucune corporation, aucun individu, ne peut exercer d'autorité qui n'émane d'elle expressément». Mais ne croyez pas qu'on établisse, aussitôt ces déclarations faites, le suffrage universel. Une seule de ces Constitutions révolutionnaires françaises, celle de 1793, qui ne fut pas appliquée, admet cette forme de suffrage. Les autres, non. Dans les autres, le suffrage est restreint, et disparait même dans celle de l'An VIII. Mais le principe est toujours formulé : «Toute souveraineté réside essentiellement dans la Nation».

A vrai dire, il y a quelque chose dans les Constitutions révolutionnaires qui ne se trouvait pas dans «Le Contrat social», c'est la Déclaration des Droits de l'Homme. Je vous ai dit que Rousseau n'admettait pas que l'individu se réservât le moindre pouvoir en face de cette volonté souveraine, de ce «je» tout puissant, constitué par la volonté nationale. Rousseau ne l'admettait pas, les Constitutions révolutionnaires l'admettent. Mais c'est Rousseau oui avait raison. Avec le temps, le pouvoir des Assemblées devint si grand qu'en fait la personnalité humaine disparut, et qu'il devint illusoire d'invoquer contre ce pouvoir un droit quelconque que l'individu se serait réservé.

Conférence, Madrid, 9-4-35.

113. Comme l'Etat libéral était au service de cette doctrine, il cessa d'être le maître résolu du destin de la Patrie pour devenir simple spectateur des luttes électorales. Pour l'Etat libéral, l'important était avant tout qu'aux tables de vote fussent assis un nombre d'hommes déterminé, que le scrutin fut ouvert à neuf heures du matin et clos à quatre heures de l'après-midi, et que les urnes ne fussent pas brisées [...] ce qui est pourtant, pour une urne, le plus beau des destins ! Ensuite de respecter tranquillement le vote sorti des urnes, comme si ce résultat Était pour lui, Etat, sans importance.
C'est dire que les gouvernants libéraux ne croyaient même pas en leur propre mission, ils ne croyaient pas qu'ils étaient là pour remplir le devoir de la faire respecter, mais, bien au contraire, que quiconque était en opposition avec

eux et se proposait d'en finir avec l'Etat de gré ou de force, avait le même droit de le proclamer et de le tenter, qu'eux, gardiens de l'Etat, d'organiser sa défense.

De là est sorti le système démocratique qui est, en premier lieu, le plus ruineux par le gaspillage des énergies. Un homme doué pour la haute fonction de gouverner, la plus noble peut-être de toutes les fonctions humaines, doit dédier 80, 90 ou 95 pour 100 de son énergie à établir des formules d'objection ou de réclamation, à faire de la propagande électorale, à sommeiller dans les fauteuils de la Chambre, à aduler les électeurs, à endurer leurs impertinences, parce que c'est d'eux qu'il va recevoir le pouvoir, à supporter humiliation et vexations de ceux qui précisément, en vertu du principe quasi - divin du gouvernement, étaient appelés à lui obéir; et, après tout cela, s'il lui reste quelques heures dans la matinée, ou quelques minutes dérobées à un sommeil agité, c'est pendant ces courts instants que l'homme doué pour gouverner doit penser sérieusement aux questions primordiales du Gouvernement!

[...] Puis vint la perte d'unité spirituelle des peuples. Car le système fonctionnant sur la base de la majorité, tout ce que l'on voulait obtenir devait d'abord réunir la majorité des suffrages. Et, en les volant, au besoin, aux autres partis. Et en n'hésitant pas dans ce but à les calomnier, à déverser sur eux les pires injures, à altérer délibérément la vérité, sans négliger aucun procédé de mensonge ou d'avilissement.

Ainsi, bien que la fraternité soit un des postulats inscrits par l'Etat libéral sur les frontons de ses monuments, il n'y eut jamais de vie collective où les hommes, ennemis les uns des autres et s'injuriant les uns les autres, se soient sentis moins fraternels que dans la vie turbulente et odieuse de l'Etatlibéral.

Discours, Madrid, 29-10-33

114. Le libéralisme (on peut l'appeler ainsi puisque les Constitutions révolutionnaires n'aspiraient à rien d'autre qu'à élever une barrière contre la tyrannie), le libéralisme a eu une grande époque, celle au cours de laquelle il proclama l'égalité des hommes devant la loi, conquête sur laquelle on ne pourra jamais revenir. Mais une fois cette conquête assurée, et sa grande époque passée, le libéralisme se trouva sans rien à faire et se divertit en se détruisant lui-même. Comme il fallait s'y attendre, ce que Rousseau appelait la volonté souveraine en vint à être réduit à la volonté de la majorité. Selon Rousseau, c'était la majorité — théoriquement parce qu'elle exprimait la volonté souveraine, mais pratiquement par son triomphe sur la minorité—qui devait s'imposer à tous. L'obtention de cette majorité impliquait que les partis devaient entrer en lutte les uns contre les autres pour obtenir le plus de voix possible et qu'après s'être divisés, ils devaient faire de la propagande les uns contre les autres.

C'est dire que c'est sous le régime de la souveraineté nationale, supposée indivisible, que les opinions se divisent le plus, parce que chaque groupe aspirant à identifier sa volonté avec la souveraineté nationale présumée, ils doivent tous, de plus en plus, se définir, se différencier, se combattre, se détruire à seule fin de remporter la victoire électorale.

Il en résulte qu'au cours de la décomposition du système libéral (naturellement ce processus de transformation que je résume en quelques minutes évolue pendant plusieurs années) les partis en arrivent à se fragmenter de telle manière qu'au moment des dernières convulsions de ce régime, dans certains pays d'Europe par exemple en Allemagne peu de temps avant Hitler, il n'y avait pas moins de trente- deux partis différents [...] Et naturellement, en dehors de cette pulvérisation des partis, ou plutôt dès que cette pulvérisation cesse par l'union pour des raisons de circonstances, de plusieurs groupes minoritaires, on constate le phénomène suivant : la majorité, la moitié plus un, ou plus trois, des députés, se sent soudainement investie de la plénitude de la souveraineté nationale pour exploiter et opprimer non seulement le reste de l'Assemblée, mais le reste de l'Espagne, se sent douée d'une faculté illimitée d'autojustification, c'est-à-dire se croit détentrice du pouvoir de faire le bien en faisant ce que bon lui semble, sans plus considérer aucune espèce d'opinion personnelle, de principes juridiques ou de sentiments humains vis à vis du reste des mortels.

«Jean-Jacques Rousseau avait prévu quelque chose de cet ordre quand il écrivait : «Bien, mais comme la volonté souveraine est indivisible et en outre ne peut se tromper, si par hasard un homme se trouve un jour en lutte contre la volonté souveraine, c'est lui qui se trompe et quand, par conséquent, quand la volonté souveraine le contraint à se soumettre, elle ne fait pas autre chose que de l'obliger à être libre». Admirez ce sophisme et demandez-vous si quand, par exemple, nous, députés de la République, représentants incontestables de la souveraineté nationale, nous augmentons vos impôts ou inventons quelque nouvelle loi vexatoire, il vous est arriva de penser qu'en agissant ainsi nous ne faisons que poursuivre l'œuvre bienfaisante de vous rendre un peu plus libres... bon gré, mal gré ?

Conférence, Madrid, 9-4-35

II. CRITIQUE DU LIBÉRALISME ÉCONOMIQUE

(A)

115. La propriété, telle que nous la concevions jusqu'à ce jour, touche à sa fin. Des masses, qui ont en grande partie raison, et qui, de plus, ont en main la force, sont en train d'en finir avec elle [...] de gré ou de force.

Conférence, "L'Espagne et la barbarie", Valladolid, 3-3-35.

116. Le Capital [...] est un instrument économique qui doit servir l'économie totale et ne peut être un instrument d'avantages et de privilèges aux mains de ceux qui ont eu la chance d'arriver avant les autres.

Conférence, Madrid, 9-4-35

117. La propriété n'est pas le capital, le capital est un instrument économique et, en tant qu'instrument économique, il doit être au service du tout économique et non du bien-être personnel de quiconque. Les réservoirs de capital sont comme les réservoirs d'eau : ils n'ont pas été faits pour que quelques privilégiés organisent des régates à leur surface, mais pour régulariser le cours des rivières et faire tourner les turbines des barrages.

Conférence, "L'Espagne et la barbarie", Valladolid, 3-3-35.

(B)

118. D'autre part, nous avons l'économiste écossais [...] L'économiste écossais est un autre type d'homme, c'est un homme précis, sérieux, de goûts simples, quelque peu voltairien, assez distrait et un peu mélancolique. Cet économiste, avant de l'être, enseignait la Logique, puis la Philosophie morale à l'Université de Glasgow. La Philosophie morale se composait alors de diverses choses assez différentes : la Théologie naturelle, l'Ethique, la Jurisprudence et la Politique. Il avait aussi écrit, en 1759, un livre intitulé : «Théorie des sentiments moraux», mais ce n'est pas ce livre qui lui ouvrit les portes de l'immortalité. Celui qui eut cet effet s'intitule : «Recherches sur la richesse des nations». L'économiste écossais, vous l'avez tous deviné, s'appelait Adam Smith.

Pour Adam Smith, le monde économique est une communauté naturelle créée par la division du travail. Cette division du travail n'est pas un phénomène inconscient voulu par ceux qui se sont répartis la tâche, c'est lin phénomène inconscient, spontané. Les hommes se sont réparti le travail sans se mettre d'accord, aucun, dans ce processus de division, n'a été guidé par l'intérêt des autres, mais par sa propre utilité. Ce qui s'est passé, c'est que chacun, en cherchant son utilité propre, en est venu à l'harmoniser avec celle des autres et ainsi, dans cette société spontanée et libre, on se trouve en présence d'abord : du travail qui est l'unique source de toute richesse, puis du troc, c'est-à-dire de l'échange des choses que nous produisons contre celles que produisent les autres, ensuite de la monnaie qui est la marchandise dont tous étaient sûrs que les autres l'accepteraient enfin, du capital qui est l'accumulation de ce que nous n'avons pas eu à dépenser, l'épargne de richesse avec laquelle on peut donner naissance à de nouvelle entreprises. Adam Smith croit que le capital est la condition indispensable de l'industrie. Ses propres paroles sont : «Le capital conditionne l'industrie». Mais tout cela, comme je l'ai dit, se passe spontanément. Personne ne s'est mis d'accord pour que cela marche ainsi, et pourtant cela marche ainsi, et en outre Adam Smith estime que cela «doit» marcher ainsi et il est si sûr et si content de la démonstration qu'il vient de développer, que, faisant face à l'Etat, au souverain —lui aussi l'appelle souverain— il lui dit : «Le mieux que tu puisses faire, c'est de ne te mêler de rien et de laisser les choses aller comme elles vont. Ces questions économiques sont délicates. Ne les touche pas, si tu ne les touches pas, elles marcheront toutes seules, et marcheront bien.

Conférence, Madrid, 9-4-35.

119. Comme Rousseau, dont la Révolution française adopta, en peu de temps, les principes,

Smith eut la chance, rare pour un écrivain, de voir l'Angleterre approuver sa doctrine économique. Peu de temps après la publication de son livre, elle établit la liberté économique complète et ouvrit ses marchés au libre jeu de la loi de l'offre et de la demande qui, selon Adam Smith, allait produire par elle-même, sans aucune pression extérieure l'équilibre économique. Et de fait, le libéralisme économique a eu lui aussi son âge héroïque, un âge héroïque magnifique. Nous ne nous acharnons pas, nous, contre les morts, qu'il s'agisse d'hommes —qui, en tant qu'hommes, mêmes ennemis, méritent tout le respect qu'implique la dignité humaine— ou de doctrines idéologiques. Le libéralisme économique a eu une grande époque, une magnifique époque de splendeur; à son impulsion, à son initiative sont dues l'expansion de richesses énormes jusqu'alors inexploitées le bénéfice, même, pour les couches inférieures de la société, des avantages résultant des grandes inventions, la compétence et l'abondance qui élevèrent, incontestablement, le niveau de vie du plus grand nombre. Et cependant le libéralisme économique allait mourir. Il allait mourir parce qu'il allait enfanter un phénomène formidable, le phénomène le plus formidable peut-être de notre époque, le capitalisme (et je crois qu'il ne s'agit plus maintenant d'histoire ancienne).

Je voudrais donc que nous nous mettions bien d'accord, une fois pour toutes, sur le sens des mots. Quand nous parlons du capitalisme, nous ne faisons pas allusion à la propriété privée, ces deux choses sont non seulement distinctes, mais on peut presque dire qu'elles sont opposées.

Un des effets du capitalisme a été, précisément d'anéantir presque complètement la propriété privée dans ses formes traditionnelles. Ce fait est sans doute bien connu de vous tous, mais quelques précisions ne seront pas superflues. Le capitalisme est la transformation plus ou moins rapide du lien direct qui unit l'homme aux biens qu'il possède, en un instrument technique de domination. La propriété ancienne, propriété artisanale, propriété du petit producteur, du petit commerçant, est comme une projection de l'individu sur les biens qu'il possède, il est propriétaire en tant qu'il possède ces biens, qu'il en use, qu'il en jouit, qu'il peut les troquer. C'est à peu près dans ces termes que le Droit Romain a formulé, pendant des siècles, le droit de propriété. Mais, à mesure que le capitalisme se perfectionne et se complique, la relation entre l'homme et ses biens se relâche, par suite de l'interposition d'une série d'instruments techniques de domination et ce qui était lien direct humain, élémentaire, entre un homme et ses biens se complique, on commence à introduire des signes qui symbolisent une relation de propriété, et ces signes se substituent de plus en plus à la présence vivante de l'homme, et quand le capitalisme arrive à ses derniers perfectionnements, le véritable titulaire de la propriété ancienne n'est déjà plus un homme, ni un groupe d'hommes, mais une simple abstraction représentée par des morceaux de papier, voilà ce qui arrive dans ce qu'on nomme la Société anonyme. La Société anonyme est la véritable titulaire d'un tas de droits, et elle s'est déshumanisée à tel point, il lui est à tel point indifférent de savoir qui est le titulaires de ces droits, que le fait que les titulaires de ces actions changent, ne modifie en rien l'organisation juridique ou le fonctionnement de la société toute entière.

Donc, ce grand capital, ce capital technique, ce capital qui atteint des dimensions énormes, non seulement n'a rien à voir comme je vous l'ai dit, avec la propriété dans le sens élémentaire et humain, mais même il est son ennemi. C'est pour cela que, bien souvent, quand je vois les patrons et les ouvriers lutter avec acharnement les uns contre les autre, se «descendre» au coin des rues, tomber victimes d'attentats d'une inexpiable cruauté, je pense que les uns et les autres, s'ils savent qu'ils sont les protagonistes d'une grande lutte économique ignorent certainement que dans ce combat ils sont presque toujours du même côté de la barricade et que dans le parti d'en face, de l'autre côté, il y a le capitalisme, la technique du capitalisme et de la finance, si cela n'est pas vrai, dites-le moi, vous qui avez plus d'expérience que moi en ces matières... Combien de fois avez-vous eu recours aux grands établissements de crédit pour solliciter une avance de fonds ? Vous savez qu'on vous demande 7 ou 8 pour 100 d'intérêt, et vous savez aussi que l'argent qu'on vous prête n'appartient pas à l'établissement qui vous l'avance, mais à ceux qui le lui ont confié, moyennant un intérêt de 1 1/2 à 2 pour 100, et cette énorme différence qu'on vous décompte pour passer l'argent d'une main à l'autre pèse également sur vous et sur vous ouvriers, sur ces mêmes ouvriers qui vous attendent peut-être au coin de la rue pour vous abattre.

Eh bien, ce capitalisme de la finance, depuis quinze ou vingt ana court à sa perte et il y court de deux façons : d'abord du point de vue social (et cela nous devions nous y attendre), ensuite du point de vue technique du capitalisme lui-même, ce que nous allons démontrer.

Du point de vue social, je vais me trouver, sans le chercher, d'accord sur plus d'un point avec la critique de Karl Marx. Maintenant que nous sommes tous lancés dans la politique nous allons être obligés de parler de lui constamment, puisque nous devons tous nous déclarer marxistes ou antimarxistes et Karl Marx apparaît à beaucoup —je ne dis pas d'entre vous, bien entendu— comme une espèce de constructeur de sociétés utopiques. J'ai même lu, imprimée quelque part, la formule : «les rêves utopiques de Karl Marx». Vous ne savez que trop que s'il y a eu au monde un homme qui n'était pas un rêveur, c'était Karl Marx. Qu'a-t-il fait ? Simplement ceci. Il s'est mis en face de la réalité vivante d'une organisation économique, celle des manufactures anglaises de Manchester, et il en a déduit, implacablement, qu'au sein de cette structure économique opéraient des constantes qui finiraient par la détruire. Cela, Karl Marx l'a écrit dans un livre énorme, si énorme qu'il ne put le publier tout entier de son vivant, mais pour dire vrai, aussi intéressant qu'énorme, un livre d'une dialectique serrée et pleine de génie, un livre, comme je vous l'ai dit, de critique pure, dans lequel, après avoir prophétisé que la société élevée sur ce système finirait par se détruire elle-même, il ne se gêne pas pour prédire quand et comment surviendra la catastrophe. Il n'a rien dit de plus que ceci : «Etant donné telles et telles prémisses, j'en déduis que tout cela va mal finir» et, ceci dit, il mourut avant même d'avoir publié les tomes 2 et 3 de son œuvre et s'en fut dans l'autre monde (je ne m'aventurerai pas à dire en enfer, car ce serait un jugement téméraire) sans se douter qu'un jour viendrait où un antimarxiste espagnol le rangerait parmi les poètes.

Donc ce Karl Marx a prévu, depuis longtemps, l'échec social du capitalisme dont nous parlons aujourd'hui. Il a prévu que les choses suivantes, entre autres, allaient se passer: premièrement, la concentration du capital — que doit obligatoirement provoquer la grande industrie. La petite industrie n'opérait guère qu'avec deux éléments : la main d'œuvre et la matière première. Dans les époques de crise, quand le marché devenait plus étroit, ces deux choses étaient faciles à réduire : on achetait moins de matière première, on réduisait la main d'œuvre et la production s'équilibrait à peu près avec la demande. Mais la grande industrie, en dehors de l'élément que Marx lui-même appelle capital variable, investit une partie considérable de ses réserves en immobilisations, une partie qui dépasse de beaucoup la valeur des matières premières et de la main-d'œuvre, elle met en marche die grandes installations de machines, que l'on ne peut arrêter d'un jour à l'autre. De sorte que, pour que la production puisse rémunérer cette masse de capital immobilisé, de capital irréductible, la grande industrie n'a d'autre ressource que de produire à un rythme forcené, ce qu'elle fait. Et comme à force de produire beaucoup, elle produit à bon marché, elle envahit peu à peu le champ des petits producteurs, les ruine l'un après l'autre, et finit par les absorber.

Cette loi de la concentration du capital, c'est Marx qui l'a formulée, et bien que certains affirment qu'elle ne s'est pas vérifiée, nous sommes obligés de constater le contraire en voyant l'Europe et le monde pleins de ces trusts, de ces énormes syndicats de production et de toutes ces organisations que vous connaissez mieux que moi, comme ces magnifiques magasins à prix unique, qui peuvent s'offrir le luxe de vendre à des prix de «dumping» parce qu'ils savent que vous ne pourrez pas les concurrencer pendant plus de quelques mois, alors qu'eux, en compensant les pertes d'un établissement ou d'une succursale par les gains d'un autre, n'ont qu'à attendre tranquillement, les bras croisés, votre disparition.

Deuxième phénomène social : la prolétarisation. Les artisans privés de leur travail, les artisans qui étaient propriétaires de leurs outils de production et qui, naturellement, sont obligés de les vendre puisqu'ils ne leur servent plus à rien, les petits producteurs, les petits commerçants, sont peu à peu anéantis économiquement par la poussée formidable, irrésistible, du grand, capital et finissent par s'incorporer au prolétariat, par se «prolétariser». Marx décrit cette phase avec un remarquable accent dramatique, quand il dit que ces hommes, après avoir vendu les outils avec lesquels ils travaillaient, après avoir vendu leurs biens et leur maison, finissent par n'avoir plus rien à vendre, se rendent compte alors qu'il ne leur reste plus qu'une marchandise, eux-mêmes et leur travail, et courent la louer au prix d'un esclavage temporaire. Ce phénomène de la «prolétarisation» de masses énormes qui s'agglomèrent dans les villes industrielles est un des symptômes de la faillite sociale du capitalisme.

Un autre symptôme se manifeste enfin : celui du chômage. Dans les premiers temps de l'emploi des machines, les ouvriers s'opposèrent à leur entrée dans les ateliers. Ils croyaient que ces machines qui pouvaient faire le travail de vingt, de cent, de quatre cents ouvriers, allaient prendre leur place. Comme on était à l'époque de la foi en un progrès indéfini, les économistes d'alors affirmèrent en souriant : «Ces ouvriers ignorants ne savent pas que cela va augmenter la production, développer l'économie, donner plus d'essor aux affaires [...] il y aura place pour les machines et pour les hommes ! » Mais le fait est qu'il n'y a pas eu place pour les deux et qu'en beaucoup d'endroits les machines ont remplacé la quasi-totalité des ouvriers. Par exemple, dans la fabrication des bouteilles en Tchécoslovaquie — c'est un chiffre qui me vient à la mémoire— il y avait, non pas en 1880 mais en 1920, 8 000 ouvriers au travail. Il n'y en a plus à l'heure actuelle que mille, et cependant la production des bouteilles a augmenté.

Le remplacement de l'homme par la machine ne comporte même pas la compensation poétique que l'on attribuait à celle-ci dans les premiers temps. On disait : « ces machines feront notre travail, les machines nous libéreront de notre pénible labeur », et la machine n'a pas réduit la journée de travail. Celle-ci est restée, à peu de chose près, ce qu'elle était —et si elle a été réduite, cela est dû à d'autres causes. Mais elle a privé de travail les ouvriers en surnombre. Et elle n'a pas non plus donné la compensation de produire une hausse des salaires. Evidemment les salaires ont augmenté, mais là encore, nous devons constater ce qui est vrai en consultant les statistiques. Savez-vous de combien a augmenté le volume total des salaires payés aux ouvriers pendant l'époque de prospérité des Etats-Unis, pendant la partie la meilleure de cette époque, de 1922 à 1929 ? De 5 pour 100. Et savez-vous de combien ont augmenté les dividendes distribués au capital pendant la même période ? De 86 pour 100. Dites-moi si cela vous parait une manière équitable de répartir les bénéfices du machinisme ?

Mais il était facile de prévoir que le capitalisme aboutirait à cette faillite sociale. Ce qui était plus difficile à pronostiquer, c'est qu'il ferait aussi faillite sur le plan technique, ce qui sans doute l'a conduit à la situation désespérée où il se trouve aujourd'hui.

Par exemple : le phénomène des crises périodiques a été produit par la grande industrie, et produit précisément par le mécanisme que je vous expliquais tout à l'heure, quand je parlais de la concentration du capital. Les dépenses irréductibles de premier établissement sont des dépenses inertes, que l'on ne peut diminuer en aucun cas quand le marché se ralentit. La surproduction, cette production sur un rythme effréné dont je vous parlais il y a un instant, a fini par saturer le marché. Il se produit alors un phénomène de sous-consommation et le marché absorbe moins que les fabricants ne lui livrent. Si la structure de la petite économie subsistait, la production se restreindrait proportionnellement à la demande par la diminution des acquisitions de matières premières et de main-d'œuvre; mais comme cela ne peut se faire dans la grande industrie, parce qu'elle est alourdie par ce capital immobilisé, par ce capital inerte, la grande industrie se ruine, c'est-à-dire que, techniquement, la grande industrie doit faire face à des époques de crise pires que la petite industrie. Première atteinte à son orgueil d'autrefois!

Ensuite, une des caractéristiques les plus remarquables et les plus sympathiques de la grande industrie pendant la période héroïque du capitalisme libéral, disparaît aussi : je veux dire sa fierté des premiers temps qui lui faisait dire : « je n'ai en rien besoin de l'aide publique, et mieux, je demande aux pouvoirs publics qu'ils me laissent en paix, qu'ils ne se mêlent pas de mes affaires ». Bien vite, le capitalisme dut baisser la tête sur ce chapitre, bien vite, quand vinrent les époques critiques, il fut obligé de s'adresser à l'aide publique, et nous avons vu les organisations les plus puissantes avoir recours à la bienveillance de l'Etat, soit pour obtenir des protections douanières, soit même des appuis financiers, ce qui revient à dire, comme l'a écrit un auteur ennemi du système capitaliste, que, celui-ci, dédaigneux et réfractaire à la socialisation éventuelle de ses bénéfices, est le premier à solliciter la socialisation de ses pertes quand les choses tournent mal.

Enfin, un autre avantage du libre-échange de l'économie libérale, était la stimulation de la concurrence. On disait : pour se faire concurrence dans un marché libre, les producteurs seront obligés d'améliorer de plus en plus leurs produits et la situation sera d'autant meilleure pour les acheteurs. Bien ! Mais le capitalisme a éliminé automatiquement, la libre concurrence en donnant le monopole de la production à quelques entités puissantes.

Et tout cela produit les résultats que nous avons connus: la crise, la paralysie industrielle, la fermeture des usines, l'immense défilé des prolétaires sans travail, la guérie européenne, et les jours de l'après-guerre ! Et l'homme qui aspirait à vivre au sein d'une économie et d'une politique libérales, protégé par le principe de liberté qui lui donnait la subsistance et l'optimisme, se trouva réduit à une condition terrible: auparavant, il était artisan, petit producteur, membre d'une corporation parfois dotée de privilèges, citoyen d'une commune importante. Maintenant, il n'est plus rien de cela: on l'a dépouillé de tous ses attributs, on l'a rendu, chimiquement pur, à sa condition d'individu : il n'a plus rien, si ce n'est le jour et la nuit. Il ne possède pas un pied de terre pour poser ses pieds, ni une maison pour s'abriter, l'antique citoyenneté, pleine, complète, humaine intégrale se trouve réduit à ces deux signes douloureux: un numéro dans les listes électorales et un numéro dans la queue à la porte des usines.

Et pour l'Europe, voici le dilemme : ou bien une guerre prochaine dans laquelle, désespérée, déséquilibrée, nerveuse, elle se précipitera aveuglément, ou bien, de l'autre côté, l'attraction de la Russie, de l'Asie —car, n'oublions pas l'influence anarchique asiatique qui existe dans ce qu'on appelle le communisme russe, en quantité au moins égale à l'influence marxiste allemande. Lénine, dans un livre publié très peu de temps avant le triomphe de la Révolution russe, annonçait comme dernière étape du régime qu'il se proposait d'implanter, l'avènement d'une société sans Etat ni classes. Cette étape final avait tous les caractères de l'anarchisme de Bakounine et de Kropotkine, mais pour arriver à cette période, il fallait d'abord passer par une autre étape très dure, l'étape marxiste de la dictature du prolétariat, et Lénine, avec un cynisme extraordinaire et plein d'ironie, disait : « cette étape ne sera ni libre ni juste. L'Etat a pour mission d'opprimer; tous les Etats oppriment; l'Etat de la classe laborieuse saura aussi être oppresseur, ce qui se passera c'est qu'il opprimera la classe récemment expropriée, la classe qui opprimait jusqu'alors. Non, l'Etat ne sera ni libre ni juste ! Et pour tout dire, le passage à l'étape finale, à l'heureuse étape de l'anarchisme communiste, nous ne savons pas quand il se produira ! ».

Il ne s'est pas produit encore, et il est probable qu'il ne se produira jamais. Pour une sensibilité européenne, pour une sensibilité de bourgeois ou de prolétaire européen cela est terrible, cela est désespérant. Là-bas, en Russie, c'est la réduction au simple numéro, et l'oppression d'un Etat de fer. Mais le prolétariat européen, désespéré, et ne comprenant plus le sens de son existence, voit les choses de Russie sous la forme d'un mythe, comme une possibilité lointaine de libération.

Ibid.

(C)

120. L'ultime décomposition du libéralisme politique et du libéralisme économique nous a conduit à ceci : à mettre les énormes masses européennes en face de ce dilemme épouvantable

: ou une nouvelle guerre, qui sera le suicide de l'Europe, ou le communisme, qui livrera l'Europe à l'Asie.

Ibid.

III. CRITIQUE DU MARXISME

121. [...] Le libéralisme, tout en rédigeant, sur le papier, de merveilleuses décorations de droits que personne ne lisait, entre autres causes parce qu'on n'enseignait pas au peuple à lire, le libéralisme nous faisait assister au spectacle, le plus inhumain qu'on eût jamais vu: dans les plus belles cités d'Europe, dans les capitales des Etats aux institutions les plus libres, des êtres humains, nos frères, livrés à la misère, à la tuberculose, à l'anémie des enfants affamés, s'entassaient dans des maisons noires ou rouges, effrayantes, immondes, où ils pouvaient remâcher amèrement le sarcasme de s'entendre proclamés libres, voire souverains.

Discours, Valladolid, 4-3-34.

122. Peut-on concevoir une forme de vie plus atroce que celle d'un prolétaire qui passe parfois vingt ans à fabriquer la même vis dans la même immense galerie d'usine, sans jamais voir terminé l'appareil dont cette vis fait partie, sans jamais avoir d'autre lien avec l'usine que la frigidité inhumaine de la feuille de paye ?

Tradition et Révolution, Août 1935.

123. Une figure, à la fois repoussante et fascinante, celle de Karl Marx, plane sur ce spectacle de la crise du capitalisme. A l'heure actuelle, partout, les uns se proclament marxistes, les autres antimarxistes. Je vous le demande, et c'est un rigoureux examen de conscience que je formule : « qu'est-ce que cela veut dire: être antimarxiste ? ». Cela veut-il dire qu'on ne désire pas l'accomplissement des prédictions de Karl Marx ? Alors, nous sommes tous d'accord. Cela veut-il dire que Karl Marx s'est trompé ? Alors, ce sont ceux qui l'accusent d'erreur qui se trompent.

Discours, Madrid, 19-5-35.

124. Le Socialisme devait naître et sa naissance fut justifiée (nous n'ayons pas peur de la vérité). Les ouvriers avaient à se défendre contre un régime qui ne leur donnait que des promesses de droits, mais qui ne se souciait pas de leur assurer une vie décente.

Le Socialisme, qui était une réaction légitime contre l'esclavage libéral, s'est dévoyé, parce qu'il a adopté primo : l'interprétation matérialiste de la vie et de l'Histoire, secundo, une attitude de représailles, tercio, la proclamation du dogme de la lutte des classes.

Le Socialisme, et surtout le Socialisme échafaudé du fond de leurs cabinets par quelques apôtres impassibles et froids qui ont réussi à inspirer confiance aux malheureux ouvriers, et qu'Alfonso García Valdecasas nous a montrés tels qu'ils étaient, le Socialisme ainsi compris ne voit rien d'autre dans l'Histoire que le jeu des ressorts économiques; le spirituel est supprimé, la religion est l'opium du peuple, la Patrie un mythe à exploiter les déshérités. Voilà ce que dit le Socialisme. Il n'y a rien d'autre que la production et l'organisation économique. Les ouvriers doivent donc bien presser leurs âmes pour qu'il n'y reste pas la moindre goutte de spiritualité.

Le Socialisme n'a pas l'ambition de rétablir une justice sociale détruite par le mauvais fonctionnement de l'Etat libéral. Il aspire simplement aux représailles. Il veut dépasser de plusieurs longueurs, dans son sens, l'injustice du régime libéral dans le sien.

Enfin, le Socialisme proclame le principe monstrueux de la lutte des classes et formule le dogme que cette lutte indispensable est une conséquence naturelle de la vie, que rien ne pourra jamais empêcher.

Le Socialisme, qui représentait une critique justifiée du libéralisme économique, nous a donc apporté, par le même chemin, les mêmes résultats que celui-ci: la désagrégation, la haine, la séparation et l'oubli de tous les liens de fraternité et de solidarité qui unissent les hommes.

Discours, Madrid, 29-10-33.

125. La lutte des classes a eu un mobile juste et le Socialisme à ses débuts avait raison, pourquoi le nier? Mais il s'est passé ceci, que le Socialisme au lieu de suivre sa route primitive d'aspiration à la justice sociale, s'est transformé en une simple doctrine d'une froideur glaciale, et ne pense plus le moins du monde à la libération de l'ouvrier. Les ouvriers vont clamant, tout fiers d'eux-mêmes, qu'ils sont marxistes. Ils ont donné le nom de Karl Marx à de nombreuses rues dans de nombreuses villes d'Espagne. Mais Karl Marx était un juif allemand qui, de son cabinet, observait avec une impassibilité effrayante les événements les plus dramatiques de son époque. C'était un juif allemand qui, en face des usines anglaises de Manchester, pendant qu'il formulait des lois implacables sur l'accumulation du capital, la production, les intérêts des patrons et des ouvriers, écrivait à son ami Frédéric Engels des lettres où il disait que l'ouvrier n'était que plèbe et canaille, et qu'il ne fallait pas s'occuper de lui, sinon pour servir de preuve à leurs doctrines.

Le Socialisme cessa d'être un mouvement de rédemption des hommes, il devint, comme je vous l'ai dit, une doctrine implacable. Au lieu de rétablir une justice, il voulut aller, par représailles, dans l'injustice, aussi loin qu'était allée l'injustice bourgeoise dans son organisation. Mais, en outre, il proclama et continua à proclamer que la lutte des classes ne cessera jamais et que l'Histoire doit être interprétée dans le sens matérialiste, c'est-à-dire, que pour l'expliquer on ne doit jamais faire intervenir que les phénomènes économiques.

Ainsi, quand le marxisme arrive à son point culminant comme dans le régime russe, on arrive à dire aux enfants dans les écoles que la religion est l'opium du peuple, que la Patrie n'est qu'un mot inventé pour opprimer et que la pudeur ou l'amour paternel sont des préjugés bourgeois, qu'il faut déraciner à tout prix.

Voilà ce qu'est devenu le Socialisme, croyez-vous que si les ouvriers le savaient, ils éprouveraient de la sympathie pour cette doctrine effrayante et inhumaine, née dans le crâne du juif qui se nommait Karl Marx ?

Discours, Valladolid, 4-3-34.

126. Le Socialisme, en se déshumanisant dans l'esprit cruel de Karl Marx, se transforma en une féroce et glaciale doctrine de lutte. Dès lors, il n'aspirait plus à la justice sociale, il aspirait à régler une vieille dette de rancune en imposant à la tyrannie bourgeoise d'hier la dictature du prolétariat.

Nouvelle lumière en Espagne, Mai, 1934.

127. Les prédictions de Marx s'accomplissent, plus ou moins vite, mais implacablement. On va à la concentration du capital, on va à la prolétarisation des masses et on va, pour finir, à la révolution sociale qui comportera une période très dure de dictature communiste [...] Et c'est cette dictature qui nous fait horreur à nous,

Européens, Occidentaux, Chrétiens, parce qu'elle m'est rien d'autre que la négation de l'homme, son absorption dans une immense masse amorphe où se perd l'individualité, où se dilue la vêture corporelle de chaque âme individuelle et éternelle. C'est pour cela que nous sommes antimarxistes, notez-le bien ! Parce qu'il nous fait horreur, comme à tout Occidental, à tout Chrétien, à bout Européen, patron ou prolétaire de n'être plus qu'un être inférieur dans une fourmilière. Et cela nous fait horreur parce que nous en savons quelque chose par le capitalisme qui nous convertit, lui aussi, en une foule grégaire, et qui, lui aussi, est international et matérialiste. C'est pour cela que nous ne voulons ni de l'un, ni de l'autre, c'est pour cela que nous voulons éviter l'accomplissement des prophéties de Karl Marx. Mais nous le voulons résolument et non pas à la façon de ces partis antimarxistes qui croient que l'accomplissement inexorable des lois économiques et historiques peut s'atténuer en donnant aux ouvriers quelques bonnes paroles avec quelques petits tricots pour leurs enfants.

Discours, Madrid, 19-5-35.

128. Si la révolution socialiste n'était pas autre chose que l'implantation d'un nouvel ordre économique, nous ne serions pas effrayés. Mais la vérité est que la révolution socialiste est quelque chose de beaucoup plus profond. C'est le triomphe du sens matérialiste de la Vie et de l'Histoire. C'est la substitution violente de l'irréligiosité à la Religion, le remplacement de la Patrie par la classe, fermée et haineuse, le groupement, dies hommes par classes et non le groupement des hommes de toutes les classes au sein d'une Patrie commune à tous, c'est la substitution à la liberté individuelle de la sujétion à un Etat de fer qui non seulement réglemente notre travail comme dans une fourmilière, mais encore et tout aussi implacablement notre repos. C'est tout cela. C'est le déchaînement de tempête d'un ordre destructeur de la civilisation occidentale et chrétienne c'est le signal de clôture d'une civilisation que nous, qui avons été nourris de ses valeurs essentielles, nous nous refusons à croire caduque.

Discours, Madrid, 19-5-35.

129. Le 24 de ce mois, au matin, j'ai été définitivement classé comme bolchevique par un certain nombre de personnes qui me font l'honneur de s'occuper de moi.

Quelle idée se font donc mes détracteurs des bolcheviques ? Pensent-ils que, le bolchevisme consiste essentiellement en une redistribution des terres pour y réinstaller un peuple depuis des siècles faméliques ? S'ils croient cela, ils se trompent.

Le bolchevisme est, à la base, une attitude matérialiste devant le monde. Le bolchevisme pourra se résigner à échouer dans ses tentatives de collectivisation paysanne mais il ne cédera pas sur le point le plus important: arracher toute religion die l'esprit du peuple, détruire la cellule familiale, matérialiser l'existence. Quiconque part d'une interprétation purement économique de l'Histoire aboutit au bolchevisme. Ces deux attitudes, sans se nommer bolchevisme ou antibolchevisme, ont toujours existé. Bolchevique est celui qui est disposé à se priver de jouissances matérielles, à lui ou aux siens. Antibolchevique, est celui qui est disposé à se priver de jouissances matérielles pour défendre des valeurs de l'ordre spirituel. Les anciens nobles, qui risquaient leur vie et leurs biens pour la Religion, la Patrie et le Roi, étaient la négation du bolchevisme. Nous qui, aujourd'hui, devant un système capitaliste qui croule, sacrifions confort et avantages pour essayer de refaire le monde en évitant le naufrage du spirituel, nous sommes la négation du bolchevisme. Peut-être notre effort, moins calomnié, aboutirait-il à consolider quelques siècles de vie moins luxueuse pour les intéressés [...] mais en tout cas ils ne s'écouleraient pas sous le signe de la férocité et du blasphème. Et ceux qui, au contraire, s'enfoncent dans les jouissances sans fin de l'opulence sans effort, ceux qui estiment qu'il est beaucoup plus urgent de s'offrir les superfluités les plus raffinées que d'arracher un peuple à la faim, ceux-là, interprètes matérialistes du monde, sont les véritables bolcheviques. Et d'un bolchevisme d'un raffinement répugnant : le bolchevisme des privilégiés.

Remarques sur le Bolchevisme, "A B C", 31-7-35.

IV. LE LIBERALISME ESPAGNOL

(A)

130. On pourrait presque dire que le libéralisme hors de l'Espagne n'a jamais été autre chose qu'un passe-temps intellectuel, une espèce de farce pour périodes de facilité. La France, par exemple, qui a fait plus que n'importe quel autre pays pour la mise en circulation du libéralisme, a toujours pris grand soin de le mettre de côté quand les choses devenaient graves. En France, on ne s'amuse pas avec la Police—d'origine napoléonienne—ni avec la loi —avec guillotine et Guyane- à sa disposition— ni avec la Patrie —année d'implacables Conseils de guerre. Le libéralisme permet les bavardages et tolère les licences superficielles. Rien de plus.

"Liberté", Valladolid, 22-10-34.

131. En vérité, notre libéralisme politique et économique aurait presque pu s'épargner la peine de se décomposer, car à peine a-t-il existé. Le libéralisme politique en Espagne, vous savez en quoi il consistait. Les élections, jusqu'à une époque récente, se faisaient, au Ministère de l'Intérieur et bien des Espagnols se félicitaient qu'il en fût ainsi. Un de nos plus brillants compatriotes, Angel

Ganivet, vers 1887 disait à peu près : « Fort heureusement nous avons en Espagne une institution admirable, celle de la candidature officielle —« el encasillado » (*). Elle évite de faire des élections, parce que le jour où on fera vraiment des élections, la chose deviendra très grave. Pour se rendre maître de la volonté des masses, il faut, en effet, mettre en circulation des idées simplistes facilement accessibles, parce que la foule ne comprend pas les choses complexes. Et comme les hommes vraiment doués ne consentiront jamais à descendre dans la rue pour, serrer la main de l'honorable électeur et lui raconter des niaiseries, il s'ensuit que ceux pour qui la propagation de sottises est une activité naturelle et un don personnel, finiront par triompher ». Et quelques années après, je crois que c'est en 1893, toujours récalcitrant et toujours ferme dans sa position antidémocratique, il en arrivait à dire :

« Je suis un admirateur enthousiaste du suffrage universel, à une seule condition : que personne ne vote ! » Et il ajoutait :

« Ne croyez pas que cela soit une plaisanterie de mauvais goût. J'entends bien qu'au fond, en principe, tous les hommes doivent prendre part au destin du pays, de même que je pense que la situation normale et parfaite de l'homme est d'être père de famille. Mais ces deux choses sont si difficiles que si je rencontre un homme sur le point de se marier, je lui conseille de n'en rien faire, et si je vois quelqu'un qui se dispose à aller aux urnes, je tâche de le convaincre de ne pas voter. Fort heureusement, le peuple espagnol n'a pas besoin de ces conseils parce qu'il a, par lui-même, décidé de ne pas voter ».

Voilà ce qu'était, en réalité, notre libéralisme politique. Et quand il cessa d'être cela, quand eurent lieu des élections sincères, nous eûmes le spectacle de Cortès convaincues que leur triomphe les autorisait à faire ce que bon leur semblait, et qui le firent, jusqu'à en écraser le reste des mortels.

Mais à part ce va-et-vient entre le régime libéral, qui n'existait pas, et les Cortès, qui existaient trop dans l'Etat espagnol, l'Etat constitutionnel espagnol tel qu'il est défini par la Charte fondamentale et les lois accessoires, n'existe pas. C'est une pure plaisanterie, un pur simulacre d'existence. L'Etat espagnol n'existe dans aucune de ses institutions les plus importantes.

Conférence. Madrid, 9-4-35

(*) "Encasillado". Listes de candidats du Gouvernement auxquels celui-ci attribue des circonscriptions. (Dictionnaire Idéologique de Casarès).

(C)

132. Le capitalisme espagnol fut rachitique dès ses débuts. Dès sa naissance, il commença à boiter, entre les secours de l'Etat et l'assistance des tarifs douaniers. Notre économie était plus appauvrie, notre peuple vivait plus misérablement qu'aucun autre.

Discours, Madrid, 19-5-35.

133. Le libéralisme économique n'eut pas davantage à faire faillite en Espagne parce que la grande époque du libéralisme économique, l'époque héroïque du capitalisme à l'origine, le capitalisme espagnol, lui en général, ne l'a pas vécue. Ici, dès le début, les grandes entreprises eurent recours à l'appui de l'Etat; non seulement elles ne le repoussèrent pas mais elles le sollicitèrent —vous le savez parfaitement, comme tout le monde— et non seulement elles obtinrent l'aide de l'Etat, non seulement elles négocièrent des augmentations de tarifs douaniers, mais elles se firent de cette discussion une arme pour obtenir de l'Etat toutes sortes de concessions.

Conférence, Madrid. 9-4-35.

134. Notre modeste économie est obérée par l'entretien d'une masse insupportable de parasites, de banquiers qui s'enrichissent en prêtant à intérêt élevé l'argent des autres, de propriétaires de terres immenses qui, sans effort ni amour de la terre, touchent des fermages énormes, d'administrateurs de grandes Compagnies dix fois mieux rétribués que ceux qui, par leur travail, les font marcher, de porteurs d'actions libérées qui le plus souvent sont rétribués à perpétuité et payés pour leurs intrigues, d'usuriers, d'agioteurs et d'entremetteurs. Pour entretenir cette couche d'oisifs, qui n'ajoutent absolument rien à l'effort des autres, les directeurs, industriels, commerçants, travailleurs, pêcheurs, intellectuels, artisans et ouvriers, qui s'épuisent dans un travail sans illusion, doivent encore racler leurs maigres moyens d'existence. Aussi le niveau de la vie des classes productrices, classe moyenne et classe populaire, est-il, en Espagne, déplorablement bas. Pour l'Espagne l'excédent de production des produits de consommation est un problème parce que le peuple espagnol est tellement exploité qu'il peut à peine consommer.

"Arriba", 16-1-36.

(D)

135. Combien de fois avez-vous entendu dire à des hommes de droite : « nous sommes dans une nouvelle époque, il nous faut un Etat fort [...] Il faut harmoniser le capital et le travail [...] Nous devons trouver une forme de vie corporative ». Je vous assure que tout cela ne veut rien dire, ce ne sont que des bulles d'air [...] Harmoniser le capital et le travail ! [...] C'est comme si l'on disait je vais m'harmoniser avec cette chaise.

Quand on parle d'harmoniser le capital et le travail, ce que l'on veut faire, c'est continuer à entretenir une minorité de privilégiés sans valeur avec le travail de tous, des patrons aussi bien que des ouvriers.

Conférence, Madrid, 9-4-35.

V. L'ETAT CORPORATIF ET LES AUTRES FORMES D'ETAT

(A)

136. L'histoire de l'Etat corporatif, c'est aussi une bulle de savon. Mussolini, qui a quelque idée de ce qu'est un Etat corporatif, a prononcé un discours, il y a quelques mois, lors de l'installation des vingt-deux corporations, et il a dit :
« Ceci n'est rien de plus qu'un point de départ, ce n'est pas un point d'arrivée». L'organisation corporative, à l'heure actuelle, n'est pas autre chose, approximativement, dans ses lignes générales, que ceci : les ouvriers forment une grande fédération, les patrons (les donneurs de travail comme on les appelle en Italie) en forment une autre et entre ces deux fédérations, l'Etat constitue comme une espèce dc liaison. Commc solution provisoire c'est bien. Remarquez que c'est un schéma très semblable, à une échelle géante, à notre système de Jurys mixtes. Ce système maintient en bon état, à l'heure actuelle, les relations entre capital et travail, sur la base définie par l'économie capitaliste. Mais la position de celui qui fournit le travail, et, la position de celui, qui loue son travail pour vivre, restent les mêmes.

Conférence, Madrid, 9-4-35.

(B)

137.   Les états totalitaires n'existent pas. Il y a des nations qui ont trouvé des hommes de génie, qui se sont substitués à l'Etat. Mais cela est difficile à imiter, et en Espagne, aujourd'hui, nous ne pouvons qu'attendre que surgisse un tel génie. Exemples de ce qu'on nomme Etats totalitaires : l'Allemagne et l'Italie. Mais notez que non seulement elles ne se ressemblent pas, mais encore qu'elles sont radicalement opposées. Elles partent de points opposés. L'Allemagne part de la puissance de foi d'un peuple en son instinct racial. Le peuple allemand est au paroxysme de lui-même. L'Allemagne vit en état de super-démocratie. Rome, au contraire, fait l'expérience d'un chef de génie et d'esprit classique, qui veut donner forme à un peuple par en haut. Le mouvement allemand est de type romantique, sa route est celle de toujours, de là est déjà partie la Réforme, et même la Révolution française, car la Déclaration des Droits de l'Homme est une copie calquée de la Constitution américaine, fille de la pensée protestante allemande.

Conférence, "L'Espagne et la barbarie", 3-3-35.

138. Ni la social-démocratie, ni la tentative d'établir, sans homme de génie, un Etat totalitaire, ne suffiraient pour éviter la catastrophe [...] Il y a des onguents d'un autre genre, dont nous sommes friands en Espagne : je veux dire les fédérations, les blocs, les alliances. Ils présument tous que l'union d'un certain nombre de nains peut donner naissance à un géant. En face de ce genre de remèdes, il faut prendre des précautions et ne pas se laisser duper par des discours. Certains de ces mouvements qui mettent la Religion en tête de leur programme ne prennent cette position que pour des raisons d'avantages matériels, et, en échange d'un assouplissement de la loi agraire, ou d'une bouchée de biens du clergé, ils renonceraient volontiers au Crucifix dans les écoles ou à la suppression du divorce.

Conférence, "L'Espagne et la barbarie", Valladolid, 3-3-35.

VI. LA PHALANGE ESPAGNOLE DES J. O. N. S. N'EST PAS UN MOUVEMENT FASCISTE

139. «La nouvelle selon laquelle José Antonio Primo de Rivera, Chef de la Phalange espagnole des J. O. N. S., se disposait à se rendre à un Congrès international fasciste qui se tient à Montreux est totalement fausse. Le chef de la Phalange fut invité à y assister mais refusa nettement cette invitation parce qu'il pense que la caractère national du Mouvement qu'il dirige est contraire à l'apparence même d'une direction internationale.

D'autre part, la Phalange Espagnole des J. O. N. S. n'est pas un mouvement fasciste, elle a avec le fascisme certaines coïncidences sur des points essentiels, mais elle affirme chaque jour davantage une personnalité propre avec ses caractères particuliers et elle est sûre de trouver en suivant cette voie ses possibilités les plus fécondes.»

Note rédigée par José Antonio et publiée dans la Presse espagnole le 9 Décembre 1934.

140. CONSTANTE DE L'HISPANITE DISTINCTION AVEC LE FASCISME.

C'est pourquoi quand certains garçons qui

m'accompagnent et quand moi-même, modestement, nous croyons trouver une source profonde et constante possible d'hispanité —je dis d'hispanité parce que le mot « espagnolisme » seul me gêne— nous ne nous laissons pas emporter par une tendance sensible, par une sorte de songe romantique. Ce que nous faisons, c'est croire que si une génération doit se donner à la politique, elle ne peut pas se donner avec le répertoire d'une demi-douzaine de phrases avec lesquelles beaucoup d'autres génération et même beaucoup de leurs représentants ont cheminé dans la politique. [...]

Mais parce qu'il résulte que nous avons paru dans le monde quand le fascisme prévaut —et j'assure M. Prieto que cela, loin de nous favoriser, nous fait plutôt tort— parce qu'il résulte que le fascisme a une série de caractères externes interchangeables que nous ne voulons pas prendre, les gens, peu enclins à faire des distinctions délicates, jettent sur nous tous les attributs du fascisme, sans voir que nous avons seulement pris au fascisme les essences de valeurs permanentes que vous, qu'on appelle les « hommes des deux ans », avez prises vous aussi. Car ce qui caractérise la période de votre gouvernement, c'est qu'au lieu de prendre l'attitude libérale suivant laquelle l'Etat peut rester les bras croisés a tout moment en regardant qui monte le mieux au mat de cocaïne et gagne le prix contre l'état lui-même, vous avez un sentiment de l'Etat que vous imposez énergiquement. Ce sentiment de l'Etat, ce sentiment qui croit que l'Etat a quelque chose à faire et quelque chose en quoi il faut croire est ce que le fascisme a de permanent et cela peut très bien se déduire de toutes les lignes, de tous les caractères et de tous les ornements au fascisme dont les uns me plaisent et dont les autres ne me plaisent pas du tout.

Cortès, 3-7-34.

141. NOUS NE SOMMES PAS DES IMITATEURS. On nous critique aussi et on nous accuse d'employer des procédés et des doctrines d'autres pays en nous taxant d'être des imitateurs et on nous appelle « fascistes ».

A ceux qui disent cela, nous devons répondre que si l'on entend par fascistes des hommes qui ont une foi et une croyance en eux-mêmes et une foi et une croyance dans leur Patrie comme en quelque chose de supérieur à la somme des individus, comme une entité ayant sa vie propre, indépendante et ayant une entreprise universelle à accomplir, nous le sommes effectivement. Mais nous repoussons ce qualificatif si l'on croit que pour être fascistes le côté externe suffit avec les défilés, les uniformes, les cérémonies spectaculaires plus ou moins décoratives. C'est pourquoi le salut de l'Espagne est directement en nos mains, sans médiation des partis politiques, ni des députés, ni de rien d'autre que notre effort et notre volonté.

Discours à Callosa de Segura (Alicante), 22-7.34.

142. Notre Mouvement est le cœur propre de l'Espagne, On nous dit que nous sommes des imitateurs. Onésimo Redondo a déjà répondu à cela. On nous dit que nous sommes des imitateurs parce que ce mouvement qui est nôtre, ce mouvement de retour vers le cœur même de l'Espagne est un mouvement qui s'est produit auparavant en d'autres lieux. L'Italie et l'Allemagne sont revenues à elles-mêmes dans une attitude sans espoir pour les mythes par lesquels on essaya de les rendre stériles, mais parce que l'Italie et l'Allemagne sont revenues à elles-mêmes et se sont entièrement trouvées elles-mêmes, dirons-nous que l'Espagne les imite en se cherchant ? Ces pays se sont retournés vers leur propre essence et, en faisant de même, l'essence que nous trouverons sera la nôtre et non celle de l'Allemagne et de l'Italie. C'est pourquoi [...] en faisant ce qu'ont fait les Italiens ou les Allemands, nous serons plus Espagnols que nous ne l'avons jamais été.

[...]

Enfin, on nous dit que nous n'avons pas de programme. Mais connaissez-vous quelque chose de sérieux et de profond qu'on ait fait une fois avec un programme ? Quand avez-vous vu que ces choses décisives, que ces choses éternelles que sont l'amour et la vie et la mort se fassent conformément à un programme ? Ce qu'il faut avoir est un sentiment absolu de ce qu'on veut: un sentiment absolu de la Patrie, de la vie, de l'Histoire et ce sentiment absolu, clair dans l'âme, nous dit en toute conjoncture ce que nous devons faire et ce que nous devons préférer. Dans les meilleures époques on n'a pas eu tant de cercles d'études ni tant de statistiques, ni de cens électoraux, ni de programmes. En outre, si nous avions un programme concret, nous serions un parti de plus et nous ressemblerions à nos propres caricatures. Tous savent qu'ils mentent quand, ils disent de nous que nous sommes une copie du fascisme italien que nous ne sommes pas catholiques et que nous ne sommes pas espagnols, mais ceux qui le disent se hâtent d'organiser de la main gauche une sorte de simulacre de notre mouvement. Ainsi feront-ils un défilé à l'Escortai si nous en faisons un à Valladolid.

(Discours de proclamation de la Phalange Espagnole des J. 0. N. S. au Théâtre Calderón de Valladolid, 4 mars 1934.)

143. LA NOUVELLE FOI ESPAGNOLE.

L'Espagne galvanisée par cette chaleur, ne va pas imiter l'Italie, elle va se chercher elle-même, elle va chercher dans ses propres entrailles ce que l'Italie chercha dans les siennes et elle va allumer dans tous les Espagnols la foi résolue par laquelle ils peuvent se sauver ensemble et sauver l'Espagne. Notre Phalange, portant la Foi nouvelle, refera de l'Espagne une nation et y implantera la justice sociale. Elle lui donnera le pain et la foi, la nourriture, la dignité et la foi impériale.

"Nation et Justice sociale". Mai, 1934.

VII. CRITIQUE GENERALE DE LA POLITIQUE ESPAGNOLE

(A)

144. L'Espagne, depuis longtemps, menait une vie plate, pauvre, triste, écrasée entre deux dalles qu'elle n'avait pas encore réussi à briser : en haut, le manque d'ambition historique, en bas l'absence totale de justice sociale. Le manque d'ambition historique nous vient, depuis trente ou quarante ans, du pessimisme causé par l'impossibilité de trouver un intérêt, qui nous lie tous en un effort commun pour une même cause. L'absence de justice sociale vient de ce que, si les horreurs de la grande Industrie qui a déchaîné sur le monde une de ses plus grandes crises, nous ont été épargnées —(et nous ne cesserons jamais d'en remercier le ciel)— la vie de nos campagnes, de nos petites villes et de nos villages est restée inhumaine, indéfendable. nous devons le reconnaître.

Cortès, 6-6-54.

145. Notre Espagne se trouvait, en partie, à l'abri de la crise universelle mais d'autre part elle était tourmentée par sa crise propre et comme absente d'elle-même par suite d'un déracinement particulier que le reste du monde ne connaissait pas.

"Tradition et Révolution", août, 1935.

146. [...] Je ne dois pas, maintenant, parler au nom de la piété filiale. Je dois parler comme membre d'une génération à qui il est échu de vivre après la Dictature, et qui, bon gré mal gré, doit juger d'un œil serein, et si possible du haut de l'Histoire, le phénomène historique et politique de la Dictature.

Cortès, 6-6-34.

147. La Dictature rompit l'ordre constitutionnel qui régnait ayant son avènement et engagea la Patrie dans un processus révolutionnaire que, par malheur, elle ne sut pas conclure.

Ibid.

148. [...] La Dictature, qui renversa l'ordre constitutionnel, n'avait pas à se justifier par des arguments juridiques. Ce qui ne veut pas dire [...] qu'elle n'avait pas à se justifier comme fait historique, comme fait politique.

Ibid.

149. [...] la Dictature [...] échoua tragiquement et profondément parce qu'elle ne sut pas réaliser son œuvre révolutionnaire.

Ibid.

150. Le général Primo de Rivera [...] ceux qui auraient pu l'aimer ne le comprirent pas, et ceux qui auraient pu le comprendre ne l'aimaient pas.

Pour préciser, si les intellectuels qui désiraient, depuis longtemps la transformation de l'Espagne par en haut ou par en bas, l'avaient compris, la révolution pouvait se faire. Ils ne le comprirent pas, et, en revanche, l'aimèrent ceux qui, pour une raison ou pour une autre, n'avaient pas le moindre désir de faire une révolution quelle qu'elle fût.

Ibid.

151. En 1923, il n'existait aucune doctrine capable de remplacer dans les Etats qui existaient alors la doctrine libérale de la démocratie bourgeoise. Si vous voulez bien considérer que le Général de 1923 suivait à peine de onze mois Mussolini, vous serez étonnés de penser qu'il eut à deviner toutes les bases d'un système idéologique qui a mis dix ou douze ans à produire la bibliographie avec laquelle il justifie sa naissance, maintenant, « a posteriori ». Le général Primo de Rivera ne l'avait pas à sa disposition, il devait aller de l'avant en devinant constamment la raison intime de chacun de ses actes, et c'est presque un miracle qu'il y ait réussi pendant six ans.

Ibid.

152. La Dictature, qui s'était incarnée en un homme vraiment extraordinaire —et je suis sûr que personne ne me le contestera— un homme qui avait — c'est Ortega y Gasset, un de ses plus constants adversaires, qui l'a dit— une âme chaude, mais en outre l'esprit froid, et la tête claire et qui possédait, comme peu d'hommes, la faculté d'intuition, de divination et de compréhension, la Dictature manquait d'une chose indispensable pour faire aller un régime de l'avant : l'élégance dialectique.

Cortès, 6-6-54.

(B)

153. La Monarchie espagnole avait été l'instrument historique d'une des plus grandes destinées universelles. Elle avait fondé et maintenu un Empire, et cela simplement par le fait de sa vertu fondamentale: l'unité de commandement. Sans unité de commandement, on n'arrive à rien. Mais la Monarchie a cessé d'être l'unité de commandement depuis longtemps. Sous Philippe III, déjà, le Roi ne commandait plus. Il restait le signe apparent, mais l'exercice au pouvoir était tombé dans les mains d'hommes vigoureux, de ministres: de Lerma, d'Olivares, d'Aranda, de Godoy. Quand vient Charles IV, la Monarchie n'est plus qu'un simulacre sans substance. La Monarchie qui a fait ses débuts dans les camps, s'est réfugiée aux Cortès. Le peuple espagnol est implacablement réaliste. Il exige de ses saints patrons qu'ils lui donnent la pluie quand elle fait défaut et s'ils ne la lui accordent pas, ils les tournent de dos sur l'autel. Il n'a jamais compris ce simulacre de monarchie sans pouvoir. C'est pour cela que, le 14 avril 1931, le simulacre tomba de son trône, sans même trouver pour le défendre un piquet le hallebardiers.

Discours, Madrid 19-5-35.

154. Devant le problème de la Monarchie, nous ne pouvons nous laisser entraîner, fût-ce pour un instant, par la nostalgie ni par la rancune. Nous devons nous placer devant ce problème avec la rigueur impassible d'hommes qui assistent à un spectacle décisif dans le cours de l'Histoire. La question est celle-ci : « la monarchie espagnole, l'antique et glorieuse Monarchie espagnole, est-elle tombée parce qu'elle avait achevé son cycle d'existence, parce qu'elle avait accompli sa mission, ou bien a-t-elle été chassée alors qu'elle conservait sa fécondité pour l'avenir ? ». Voilà ce qu'il faut se demander et c'est seulement ainsi qu'on peut poser le problème d'une façon intelligente.

Eh bien, nous —vous m'avez bien suivi ?— nous pensons, sans l'ombre d'irrévérence, de rancœur ou d'antipathie, et beaucoup d'entre nous avec mille motifs d'affection, que la Monarchie espagnole avait accompli son cycle et que, vidée de toute substance, elle est tombée, le 14 avril 1931, comme un fruit mort. Nous constatons sa chute avec toute l'émotion qui convient et nous éprouvons le plus profond respect pour les partis monarchiques qui croient encore en son avenir et lancent leurs hommes à sa reconquête; mais nous, quels que soient nos regrets, quelles que soient les réserves sentimentales et les nostalgies respectables de certains d'entre -nous, nous ne pouvons orienter l'élan nouveau de la jeunesse qui nous suit vers la restauration d'une institution que nous estimons glorieusement défunte.

Ibid.

(C)

155. [...] la République espagnole, dont personne, je crois, ne met en doute la légitimité, n'est pas née des élections du 12 avril. Quand le Comité révolutionnaire publia dans la « Gazette » qu'il était maître du pouvoir, les messieurs qui composaient ce Comité signèrent leur décret du 15 avril, non au titre de Conseillers élus, mais de membres du Comité révolutionnaire qui révolutionnairement, venait d'imposer son pouvoir au corps politique espagnol, comme conséquence exorbitante de quelques élections municipales.

Cortès, 6-6-34.

156. Il n'y a pas eu souvent de moment plus propice pour ouvrir un nouvel et grand chapitre de l'histoire de la Patrie [...] Il n'y avait pas de ressentiments à couver, de justices à exécuter, à peine quelques larmes à sécher. Un espoir lumineux brillait, pour tout un peuple, vers l'avenir. Vous vous souvenez de l'allégresse du 14 avril, et certainement beaucoup d'entre vous y ont pris part. Comme toutes les allégresses populaires, elle était imprécise et ne percevait pas ses propres raisons, mais elle recelait, au fond d'elle-même, comme tous les mouvements populaires, des mobiles précis et profonds. L'allégresse du 14 avril, c'était la rencontre, une fois de plus, du peuple espagnol avec la vieille nostalgie de sa révolution toujours pendante. Le peuple espagnol avait besoin de sa révolution et il croyait l'avoir faite le 14 avril 1931. Il le croyait, et cette date semblait lui promettre deux grandes choses, longuement convoitées : la restauration d'une âme nationale commune l'établissement d'une vie matérielle humaine pour tous les Espagnols.

Discours, Madrid, 19-5-35.

157. Dans ce matin d'avril, il n'y avait plus ni socialistes, ni libéraux, ni ouvriers, ni bourgeois. Nous ne faisions plus qu'un, nous étions une masse pleine d'espoir qui s'offrait à être modelée par les meilleurs. Que s'était-il passé pour que des hommes endurcis pendant des années par des ambitions différentes fussent ainsi confondus dans une même émotion ?

Il s'était simplement passé ceci: comme il advient chaque fois que la température spirituelle atteint un degré élevé, la végétation touffue des programmes s'était volatilisée, les illusions concrètes avaient flambé et source chaude et souterraine que nous portons tous en nous, souvent sans le savoir, plus forte que tous les obstacles, avait jailli à l'air libre. Une fois de plus resplendissait la nature religieuse et mystérieuse des grands moments populaires: on ne croyait plus en ceci ou en cela, en celui-ci ou en celui-là, on respirait la joie du moment présent. Le peuple n'exprimait pas sa confiance en tel ou tel programme, mais sa certitude d'avoir atteint une miraculeuse capacité de divination. Les divergences entre les uns et les autres qui, jusqu'à la veille, semblaient des montagnes avaient disparu. On eût dit que, sans savoir comment, nous avions appris à voler, et que, du haut de notre vol, tout paraissait petit. Si, le 14 avril il n'y avait pas eu autre chose que les programmes et les hommes connus, on n'aurait pu en espérer grand-chose. Mais il y avait cette autre chose importante : l'allégresse qui, pour s'exprimer si confusément, n'en contenait pas moins plus de précision que tous les programmes et surtout l'aspiration fervente à la restauration de l'unité spirituelle de l'Espagne, sur de nouvelles bases d'existence matérielle pour le peuple : Patrie et Justice pour un peuple endolori, « Nation et Travail », dira plus tard Ortega y Gasset.

Jeunesses sous les intempéries, "Arriba", 7-11-35.

158. [...] La révolution du 14 avril n'apportait rien moins que ceci, et c'était son apport le plus profond et le plus intéressant: l'incorporation des socialistes à une œuvre de gouvernement non exclusivement prolétarienne.

Cortès, 6-6-34.

159. Chaque fois qu'on a pu entrevoir la résurrection d'une aspiration nationale commune la lutte des partis l'a fait avorter. La dernière fois, ce fut le 14 avril, il y a trois ans. A cette date, au prix de la chute, déplorée par beaucoup, d'une institution millénaire, une promesse de joie et d'espoir collectifs était apparue aux yeux de presque tous.

Un manifeste à l'Espagne, "F. E.", 26-4-34.

160. Les hommes du 14 avril semblaient revenir au patriotisme, et par le chemin le meilleur: le chemin amer de la critique. En cela résidait leur promesse de fécondité.

Discours, Madrid, 19-5-35.

(D)

161. Le premier gouvernement de la République naquit sous le signe de la médiocrité fanfaronne :

c'était une aimable anticipation de ceux que nous avons connues depuis 1933.

"Arriba", 31-10-35.

162. Les hommes du 14 avril encourent devant l'Histoire la terrible responsabilité d'avoir fraudé une fois de plus la Révolution espagnole. Les hommes du 14 avril n'ont pas fait ce que promettait le 14 avril.

Discours, Madrid, 19-5-35.

163. Nous avons assisté au spectacle de certaines Cortès qui, convaincues que leur triomphe les autorisait à faire tout ce que bon leur semblait lé firent réellement jusqu'à en écraser te reste des mortels.

Conférence, Madrid, 9-4-35.

164. [La République] au lieu de s'appliquer à améliorer le sort du peuple par une politique généreuse, l'irrita par une propagande agressive pour le laisser ensuite sans rien, affamé comme avant et un peu plus enragé. Un marxisme cru et hostile s'opposa à l'harmonisation du national et du social. La politique sociale prit en beaucoup d'endroits un air d'insolence, une arrogance de victoire. Les enfants, dans les écoles, commencèrent à lever le poing, et les ouvriers socialistes à vous regarder dans la rue avec la hauteur de gens qui ne tolèrent la vie des autres que par pure condescendance. Un air russe, asiatique, oppresseur, planait sur tout cela. La dictature du prolétariat s'annonçait !

Jeunesses sous les intempéries, "Arriba", 7-11-35.

165. [...] C'est une pure perte de temps, pour un régime, que de vouloir établir les responsabilités des régimes antérieurs.

Cortès, 6-6-34.

(E)

166. L'apparition [d'Azaña] semblait augurer un changement de style. Azaña n'était pas populaire : c'était un des intellectuels de la minorité, un écrivain distingué et dédaigneux, un dialecticien rigoureux, froid, probe et original. Depuis son apparition au premier plan sous les feux de l'action publique, il s'était montré libéré, en apparence, de la médiocrité collective et plein de mépris pour les acclamations. C'était sans aucun doute, un homme politique très intéressant, un homme arrivé au poste de commandement le plus élevé, sans effort ni compromissions, en un temps singulièrement propice, et qui préparait ses instruments pour retailler le monde à sa guise. Les vieux radicaux et radicaux-socialistes n'avaient plus rien à révéler. Cet universitaire renfermé et mystérieux était peut-être capable de réaliser de surprenantes expériences. Quelle fut la cause de l'échec d'Azaña ? Peut-être ses qualités d'homme politique furent-elles paralysées par de vieilles rancunes personnelles. Peut-être ces qualités superficielles —et extraordinaires— d'homme politique furent-elles stérilisées par l'absence d'un souffle fécond [...] Azaña ou la stérilité ! C'est le titre qu'on pourrait donner à un essai sur sa carrière politique. Tout un jeu compliqué et précis de leviers et d'engrenages [...] mais pas de moteur ! Azaña fut un esthète de la politique avant de devenir un esthète de la cruauté. Ses actions les meilleures, celles qui ne furent pas de simples stupidités agressives, n'eurent que la valeur d'arabesques inutiles. C'est avec un sentiment quasi sportif de l'Histoire qu'il jouait son jeu, pour le plaisir, non pour le résultat. Il était comme ces champions de course à pied qui ne courent pas pour arriver au but —où rien ne les attend—, mais simplement pour courir. Sa politique en devint monstrueuse. Pour ceux qui ne pouvaient concevoir l'esthétique alambiquée qu'elle couvrait, c'était une torture « incompréhensible et diabolique ». L'Espagne, tour à tour fascinée et torturée, passa entre les mains de ce dictateur comme entre celles d'un masseur asiatique. Quand il quitta le pouvoir, elle se sentit soulagée comme quelqu'un qui vient de retrouver le repos.

"Azaña", "Arriba"', 31-10-35.

167 [...] Le reproche politique que l'on peut faire à M. Azaña, l'accusation vraiment grave que l'on a le droit de porter contre lui est la suivante : M. Azaña a eu entre les mains une de ces possibilités qui s'offrent aux peuples une fois tous les cinquante, soixante ou cent ans : M. Azaña aurait pu, tout simplement, faire la résolution espagnole, l'inajournable, l'indispensable révolution espagnole.

Cortès, 21-3-35

168. Azaña reviendra au gouvernement. La foule qui écoutait sa voix le 20 octobre l'y portera en triomphe, une fois de plus, fût-ce par le chemin des urnes électorales. Il tiendra de nouveau dans ses mains l'occasion césarienne de réaliser, au besoin contre les vociférations de la masse, le destin révolutionnaire qui l'aura élu deux fois. De nouveau l'Espagne, vierge aux flancs larges, terrifiée et pleine d'espoir, lui donnera l'occasion de s'emparer de son secret. S'il le découvre et seulement dans ce cas, il aura un message puissant à clamer pour dominer la rumeur des masses rouges qui l'auront porté sur le pavois. Mais Azaña ne découvrira pas le secret: il se livrera à la masse, qui fera de lui un mannequin servile, ou voudra s'opposer à elle sans posséder l'autorité que confère une grande tâche, et la masse l'écrasera, et l'Espagne avec lui.

"Azaña", "Arriba", 31-10-35.

(F)

169. Droite et gauche sont des valeurs incomplètes et stériles. La droite, à force de vouloir ignorer l'angoisse économique des temps présents, a fini par priver de valeur humaine ses invocations religieuses et patriotiques. La gauche, à force de fermer les âmes populaires à tout ce qui est spirituel et national, a fini par faire dégénérer la lutte économique en un acharnement de bêtes fauves. Aujourd'hui, deux conceptions totalitaires du monde sont face à face. Quelle que soit celle qui l'emportera le cours des événements sera définitivement interrompu: ou bien la conception spirituelle, occidentale, chrétienne et espagnole de la vie remportera la victoire, avec tout ce qu'elle suppose de service et de sacrifice, mais aussi avec tout ce qu'elle donne de dignité individuelle et d'honneur national, ou bien ce sera la conception matérialiste russe de l'existence, qui outre qu'elle soumettra les Espagnols au joug féroce de l'armée rouge et d'une police implacable, démembrera l'Espagne en républiques locales.

Manifeste rédigé dans la prison de la Direction de la Sécurité Générale, 14-3-36.

170. Sous ces expressions superficielles, droite, gauche, est caché quelque chose de profond. On peut résumer ainsi l'essentiel de ces deux attitudes : la droite estime que les buts généreux de l'Etat justifient n'importe quel sacrifice individuel et que l'on doit subordonner n'importe quel intérêt personnel à l'intérêt collectif. La gauche, au contraire, pose comme affirmation primordiale celle de l'individu, à qui tout est subordonné. Son intérêt est la fin suprême, et rien qui y attente n'est considéré comme licite.

Mais, d'après ces définitions, le communisme serait de droite ? Car le communisme subordonne tout à l'intérêt de l'Etat, en aucun pays, il n'existe aussi peu de liberté qu'en Russie, en aucun, l'oppression n'est aussi étouffante. Mais on sait que la fin dernière du communisme est une organisation sans Etat ni classe, une anarchie égale et parfaite. Ainsi l'ont proclamé les chefs communistes : après une dure étape de rigueur dictatoriale, ce sera, ou à peu près, le régime du collectivisme anarchique.

Dans les époques grossières, comme celle que nous traversons, les profils de ces d'eux constantes se brouillent. Ce qui explique que les ultra-conservateurs se sentent de gauche, c'est-à-dire, individualistes, quand il s'agit de défendre leurs intérêts. Tant la droite que la gauche se mêlent et se contredisent elles-mêmes parce qu'elles ont tourné le dos à l'esprit fondamental de leurs données constantes.

"Etat, Individu, Liberté", 28-3-35.

171. La droite veut conserver la Patrie, l'unité, l'autorité, mais elle se désintéresse de l'angoisse de l'homme, de l'individu, du semblable qui n'a pas de quoi manger.

Conférence, Madrid, 9-4-35.

172. La droite aspire à maintenir une organisation économique, même injuste et la gauche, au fond, désire détruire une organisation économique même, si en la détruisant, on arrache beaucoup de choses bonnes.

Discours, Madrid, 29-10-33.

173. La constante de gauche est de s'intéresser au sort de l'individu contre le sort de l'architecture historique et politique comme si c'étaient des termes opposés. L'esprit de gauche est pour cette raison dissolvant, corrosif, ironique et, comme il a pour exposants, une grande collection de personnalités brillantes, il est très apte à détruire et presque jamais à construire.

Conférence, Madrid, 9-4-35.

174. [La droite et la gauche] couvrent leur insuffisance avec des mots. Les uns invoquent la Patrie sans la ressentir ni la servir le moins du monde, les autres voilent leur dédain, leur indifférence pour le problème profond de l'homme, de formules qui ne sont que des manifestations verbales, sans aucune signification.

Ibid.

(G)

175. Il est juste que les urnes ressemblent au tambour de la loterie. Qu'une boule roule la première dans un trou, ou qu'un paquet de bulletins en écrase un autre, cela se vaut. Ainsi en décide quelque démon chargé des hasards de la loterie [...], c'est-à-dire quelque esprit, bon ou mauvais, de justice, de représailles ou d'hystérie. Pur hasard ! Une bonne plaisanterie contre un candidat peut, en dernière heure, le priver de la victoire. La démangeaison de renverser un gouvernement qui l'irrite peut déterminer un peuple à détruire mille choses.

"F. E.", 7-12-33.

176. Et il y a des gens qui croient qu'a ce tirage on n'a gagné rien moins que la Contre-révolution., Et beaucoup sont très contents !
Une fois de plus, l'Espagne, cherche à cicatriser à faux, à fermer la plaie sans que soit résolu le processus interne, en propres termes à tenir pour liquidée une révolution quand la Révolution continue à vivre à l'intérieur, plus ou moins bien couverte par la mince pellicule sortie des urnes.

Ibid.

(H)

177. [...] de l'école populiste, que voulez-vous espérer ? L'école populiste est comme une de ces grandes fabriques allemandes où l'on produit des « ersatz » de presque toutes les choses authentiques. Que surgisse dans le monde, par exemple, le phénomène socialiste, l'impulsion sanguinaire, violente et authentique des masses socialistes, aussitôt l'école populiste, riche en fichiers et en jeunes hommes avisés, pleins de sagesse et de courtoisie, mais qui ressemblent étrangement à ceux que forment les écoles maçonniques les plus raffinées, produit un « ersatz » du socialisme et organise une chose qui se nomme démocratie chrétienne : en face de Maisons du Peuple, des Maisons du Peuple, en face des fichiers, d'autres fichiers, en face des lois sociales, d'autres lois sociales. On s'applique à écrire des mémoires sur la participation aux bénéfices, sur les retraites ouvrières et mille autres jolies choses. Le malheur est que les ouvriers authentiques n'entrent pas dans les cages élégantes du populisme et ces cages élégantes n'arrivent pas à se réchauffer. Que surgisse dans le monde le fascisme, avec sa valeur de lutte, de soulèvement, de protestation de peuples opprimés contre l'adversité, son cortège de martyrs et ses espoirs de gloire, et aussitôt le parti Populiste se lève et part, mettons pour l'Escorial, pour que personne ne se sente visé, et organise là un défilé de jeunes, avec drapeaux, voyages payés et tout ce qu'on voudra, sauf la valeur juvénile, révolutionnaire et forte des jeunesses fascistes.

Madrid, 19-5-35.

178. La droite n'a tiré de sa victoire que des conséquences égoïstes et conservatrices. Elle a abrogé la Loi de Réforme agraire, qui était mauvaise, non pour la remplacer par une bonne, mais pour la remplacer par un simulacre ironique qui ne donnera pas de terres aux paysans espagnols avant deux siècles, elle assiste sans angoisse au retour à des salaires de famine, elle ne consacre guère au problème du chômage que du verbiage. En un mot, elle se croise les bras devant la persistance d'une vie triste, misérable, antihygiénique, amère et désespérée.

"Arriba", 7-11-35.

179. Si la droite triomphante en 1933 avait eu un message quelconque à transmettre à l'Espagne, le César abattu de la Révolution d'avril n'aurait pas redressé la tête. Mais il est inutile de chercher des précédents à la maladresse inconcevable de la droite espagnole. Au lieu d'effacer le souvenir de l'adversaire par une œuvre forte et profonde, elle n'a pas fait autre chose que de le maintenir par une campagne de diffamation lourde et laide et de s'endormir dans une indolence mortelle, impardonnable dans des heures révolutionnaires comme celles que nous vivons. La politique de ces deux ans (les deux ans stupides, comme je les ai déjà appelés) a été stérilement conservatrice de tout ce qui pouvait empêcher la confiance joyeuse dans l'avenir. Politique hybride : ni complètement laïque, pour ne pas blesser les catholiques, ni inspirée de sentiments religieux, pour ne pas vexer l'es vieux radicaux mangeurs de curés, ni généreux dans l'ordre social, pour respecter l'égoïsme des vieux caciques agraires, ni même dépourvue à l'occasion de quelque platonique déclaration démocrate-chrétienne due à la plume du señor Jiménez, canoniste inquiet.

"Azaña", "Arriba", 31-10-35.

180. La paix et la sieste. Voilà tout ce que désire la plus grande partie de cette Espagne qui vient, par sa Constitution, de renoncer à la guerre parce qu'elle a, par dégénérescence, perdu le goût de l'héroïsme.

"Haz", 19-7-35.

181. On dirait qu'une lourde malédiction empêche notre patrie de devenir une réalité harmonieuse et solide, au lieu d'un perpétuel projet de réalité, toujours à l'état de brouillon incertain.

"Un manifeste à l'Espagne", "F. E ", 26-4-34.

(I)

182. L'insolence de la gauche, à l'Assemblée Constituante, était pénible. Mais l'allure « fils à papa », satisfait de ces Cortès, les sourires stupides de la majorité actuelle devant l'angoisse profonde de l'Espagne, ne nous plaisent pas davantage.

Nous les jeunes, qui sommes mus par des impulsions spirituelles et libérés de l'égoïsme brutal des vieux caciques, nous aspirons à une Espagne faite de grandeur, de justice, d'ordre et de foi.

Jeunesses sous les intempéries , "Arriba", 7-11-35.

183. Ne remarquez-vous pas qu'on respire une atmosphère semblable à celle des derniers jours de 1930, où nous sentions tous la proximité du gouffre ? Tout ça se meurt, et se meurt après une vie de stérilité.

Discours, Madrid, 17-11-35.

184. Après tout, s'il n'arrivait, rien d'autre que l'écroulement de cette baraque, dont nous avons tous prévu et désiré la fin, nous, n'aurions rien de mieux à faire qu'à rester simples spectateurs. Mais ce n'est pas cela seulement. A la veille de l'écroulement, nous nous demandons avec angoisse :

« Oui, mais après ? »

ibid.

(J)

185. Le séparatisme local est le signe de la décadence et surgit au moment même où l'on oublie que la Patrie n'est pas la sensation immédiate, physique, que nous percevons en nous-mêmes dans notre spontanéité primitive.

Discours, Valladolid, 4-3-34.

186. La perte de l'unité (territoriale, spirituelle, historique) est-elle moins évidente ici qu'en d'autres lieux ? On peut toujours dire qu'il vaut mieux attendre que l'es choses tournent encore plus mal. Mais si l'on peut faire quelque chose tout de suite, quel avantage y a-t-il à attendre les moments désespérés ? Surtout quand on prépare, au pouvoir, une dictature socialiste qui, si elle réussissait, mettrait l'Espagne dans l'impossibilité de se retrouver.

ibid.

187. On a dit que l'autonomie est la reconnaissance de la personnalité d'une région; que l'autonomie s'acquiert justement par les régions les plus différenciées, qui présentent des caractères plus typiques, qui ont atteint leur majorité; je serais heureux —et je crois que l'Espagne nous serait reconnaissante a tous— de méditer un peu sur cette question. Si nous concédons l'autonomie comme prime à la différenciation, nous courons le risque très grave de faire de l'autonomie un stimulant à la différenciation. Si une région acquiert son autonomie parce qu'elle est devenue différente, dans ses caractères essentiels, du reste de l'Espagne, nous courons le risque en accordant cette autonomie, d'inviter les régions à approfondir leurs différences avec le reste de l'Espagne, c'est pour cela que je prétends que, quand une région sollicite son autonomie, ce que nous devons chercher à savoir, ce n'est pas si elle a des caractères propres et bien marqués, mais jusqu'à quel point est enraciné en elle le sens de l'unité de destin. Si la conscience de l'unité de destin est solidement ancrée dans l'âme collective d'une région, il n'y a presque aucun danger à lui accorder des libertés pour lui permettre d'organiser à son gré sa vie propre.

ibid.

188. Une région est majeure quand elle a acquis une conscience si forte de son unité de destin dans l'ensemble de la patrie que le relâchement des liens administratifs ne fait plus courir aucun danger à cette unité.

"L'Espagne est irrévocable", "F. E.", 19-7-34.

189. Tous ceux qui ont le sens de l'Espagne crient « Vive la Catalogne » et vivent toutes les terres sœurs dans la mission admirable, éternelle et glorieuse que nous ont léguées, avec le nom d'Espagne, des siècles d'effort.

Cortès, 4-1-34.

190. [...] quand nous employons le terme d'Espagne, il y a quelque chose en nous qui s'émeut — et cela se passe sur un plan beaucoup plus élevé que le désir mesquin d'offenser un régime, ou une terre si noble, si grande, si illustre et si aimée que la terre de Catalogne !

ibid.

191. Nous devons étudier de nouveau la Catalogne. Nous devons de nouveau l'observer avec amour, avec intelligence, mais sans hâte sans solutions préconçues, pour voir si le sens de l'unité du destin national est bien affermi en elle.

Cortès, 30-11-34.

(K)

192. Le soulèvement de la Généralité de Catalogne n'a été qu'un épisode de la subversion totale par laquelle on a essayé de consommer l'anéantissement de l'Espagne.

ibid.

193. [...] Le coup, heureusement pour le gouvernement et pour tout le monde, revêtit un caractère antinational, ses chefs turent assez stupides pour arborer la bannière du séparatisme, qui. suscita mue répulsion instinctive, même dans les plus basses couches populaires. Les prolétaires mêlés à la tentative s'assombrirent et s'arrêtèrent pour la raison suivante: un homme du peuple espagnol, quelle que soit la quantité de propagande internationaliste qu'on lui ait enfoncée dans l'âme, répugne toujours à suivre le drapeau antinational du séparatisme.

Cortès, 25-1-35.

194. Les révolutionnaires ont eu un sens mystique, satanique peut-être, mais en tout cas mystique, de leur révolution et à ce sens mystique la Société, le Gouvernement n'ont pu opposer le sens mystique d'un devoir permanent et valable en toute circonstance.

Cortès, 6-11-34.

195. Le gouvernement a complètement manqué à son devoir, qui était de mater net la rébellion, et de lui imposer un dénouement sinon cruel du moins propre et rapide. Outre ce devoir, le Gouvernement en avait un autre, celui de déterminer les causes d'injustice interne, de manque de solidité et d'auto-justification qui avaient permis à une minorité audacieuse de se lancer à l'assaut du pouvoir. Le Gouvernement devait faire son examen de conscience, comme il faut toujours le faire au lendemain d'une victoire, pour avoir sur quels points pouvaient avoir raison les vaincus, et empêcher que d'autres ne tentent de réussir un jour là où ils ont échoué.
Cela, le Gouvernement le fait chaque jour un peu moins, car chaque jour, il se rend un peu

moins compte des raisons de sa propre existence.

Cortès, 25-1-35.

196. Le gouvernement sait parfaitement bien tous les appuis qu'il avait autour de lui le 7 octobre. Je ne rappellerai pas une seconde fois que c'est l'impulsion joyeuse use mes compagnons et adhérents qui se manifesta en premier lieu à la Puerta del Sol, avec moi-même à leur tête. Mais j'ajoute que c'était surtout pour crier au Gouvernement : « Vous êtes arrivés à une date décisive, si décisive qu'elle peut avoir pour l'Espagne des conséquences infinies ».

Ibid.

197. Ni l'Etat espagnol, ni la société espagnole ne se seraient défendus avec vigueur contre la révolution, si un facteur, qui nous semble toujours imprévu mais qui ne manque jamais un rendez-vous dans les occasions historiques, n'était entré en jeu: le génie profond de l'Espagne, qui, aujourd'hui comme toujours, sous l'uniforme militaire de jeunes soldats énergiques, d'officiers magnifiques, de vétérans solides et de volontaires prompts à s'enrôler a rendu, une fois de plus, à l'Espagne l'unité et la paix.

Cortès, 6-11-34.

198. [...] Cette veine militaire héroïque —celle de toujours— nous a sauvés. Il faut lui rendre son ancienne prééminence.

Ibid.

199. Les hommes qui ont tenté de pénétrer dans les œuvres vives de la réalité espagnole pour la détruire ont joué de la Catalogne comme d'un pion solide et sacrifié. Les chefs de la révolution désintegrante, suicidaire et stérile que nous avons subie se sont servis des Catalans comme d'hommes de paille et de victimes commodes, en utilisant la démence anachronique, sanglante, burlesque d'une minorité locale imprégnée de sentiments particularistes troubles et équivoques qui, dans les dernières heures oscillait entre la spéculation imbécile ou haineuse et le crime de droit commun.

Ibid.

200. La victoire du Gouvernement sur la première tentative de rébellion armée de la Généralité était assez chargée de substance historique pour durer un demi-siècle. Elle fut gâchée. Les « tacticiens » continuèrent, à recommander les solutions tièdes et les démarches lentes. Au lieu d'un dénouement brillant et net, la tentative se termina par un labyrinthe interminable de délais et de marchandages. Nous assistons encore, après plus d'un an, à ce qu'on appelle « la liquidation des événements d'octobre

». L'Etat s'en va en morceaux. Rien ne garantit plus la conservation de l'unité nationale. Et quant au socialisme, au lieu de le raser et de le remplacer, on l'irrite d'un côté et on le laisse encourager d'un autre.

"Arriba", 7-11-35.

201. Ce sont toujours les occasions manquées qui ont ouvert le chemin aux révolutions nationales. C'est parce qu'on a gâché Vittorio Veneto qu'a eu lieu la marche sur Rome. La Révolution nationale, dans les rangs de laquelle le m'enrôle, viendra peut-être de ce qu'on a gâche le 7 octobre.

Cortès, 6-11-34.

(L)

202. Dans la nuit d'avant-hier à hier ont été assassinés à Séville deux jeunes phalangistes. Ils s'appelaient Eduardo Rivas et Jerónimo de la Rosa. Des « fils à papa » fascistes? Non ! L'un, un modeste peintre, l'autre étudiant en même temps que petit employé des Chemins de fer [...] La Phalange a l'orgueil de pouvoir affirmer qu'elle n'a jamais commencé les agressions. Un jour, un ouvrier phalangiste est tué. Toute la ville proclame le parti communiste auteur de l'attentat. Aucun centre communiste n'est fermé, aucune sanction n'est imposée à un communiste connu [...] il ne se passe rien. Mais, quelques jours plus tard, quand deux ou trois attaques contre des phalangistes ont eu lieu, un certain nombre de communistes reçoivent des coups de revolver à la porte de leur centre. Sans la moindre enquête, le gouverneur de Séville met en prison, non les responsables présumés, mais une quinzaine de dirigeants de la Phalange, leur impose à chacun une amende de 5 000 pesetas et fait fermer tous les centres de la province.

En Espagne, à l'heure actuelle, un mouvement révolutionnaire s'agite, un mouvement très menaçant, terriblement menaçant pour les traditionalistes et pour vous autres aussi, libéraux bourgeois et républicains de gauche.

J'ai là, monsieur le Ministre de l'intérieur, une publication non clandestine. C'est un livre qui se nomme « Octobre » et que j'ai pu acheter en payant le prix [...] A la page 100 de ce livre sont imprimées les conclusions de la Fédération des Jeunesses socialistes. Je voudrais que M. le Président me permette d'en lire trois ou quatre lignes, en tout cas pas plus d'une douzaine. Les conclusions des Jeunesses socialistes sont les suivantes : « Pour la bolchevisation du parti socialiste. Expulsion du réformisme. Elimination du Centrisme des postes de direction. Abandon de la IIème Internationale. Pour la transformation de la structure du parti » —écoutez bien ceci—, « dans un sens centralisateur et avec un appareil illégal ».

Ceci n'est pas écrit dans une publication clandestine. L'intention de créer un appareil illégal par une association reconnue est formulée dans un livre que tout le monde peut acheter pour trois pesetas.

Et ce qui s'agite, d'une façon toujours plus âpre, plus hostile, plus brutale, derrière ces coalitions plus ou moins probables des socialistes et des républicains de gauche, parlons clairement, c'est une dictature du type asiatique, russe, qui n'a rien gardé de la sensibilité qui animait autrefois les mouvements ouvriers.

ibid.

203. Tout cela contient la menace d'un sens de la vie asiatique, russe, absolument opposé à l'idéal occidental, chrétien, espagnol.

Le mouvement russe n'a rien à voir avec le printemps sentimental des mouvements ouvriers. Le communisme russe veut implanter la dictature du prolétariat, mais par un certain nombre de dirigeants communistes à la tête d'une puissante armée rouge. Et cette dictature nous fera vivre sur la base suivante : plus de sentiment religieux, plus d'émotion patriotique, plus d'e liberté individuelle, plus de foyer, plus de famille.

[...] Mais l'horreur de manger dans des réfectoires, de ne pas avoir de foyer familial, d'être obligé de se divertir selon une certaine technique ou un certain système, rien que cela fait dresser les cheveux sur la tête de n'importe quel bourgeois ou de n'importe quel ouvrier espagnol.

Le régime russe en Espagne serait un enfer. Mais vous savez déjà par la Théologie que l'Enfer lui-même n'est pas le mal absolu. Dans le même sens, le régime russe n'est pas, non plus, le mal absolu. C'est, si j'ose dire, la version infernale de l'aspiration à un monde meilleur.

204. Nous avons 700 000 ouvriers en chômage et pour remédier à ce fait qui constitue en lui-même le démenti le plus cinglant de ce que nous prétendons être la civilisation moderne et occidentale de l'Espagne; pour répondre à l'accusation vivante de ces 700 000 affamés, voici la politique qu'on a annoncée : la C.E.D.A. a rédigé un projet ou une proposition de loi, car elle n'était pas au pouvoir à ce moment, pour attribuer 100 millions aux secours de chômage, « Cent millions ! », s'écrie le parti radical. Nous, nous élaborons un projet attribuant 1 000 millions. Naturellement, ni 1 000, ni 100 millions ne sont allés depuis aux secours de chômage.

En revanche, on nous donne l'espoir consolant que quelques édifices publics plus ou moins nécessaires vont être élevés, pour apaiser les esprits.

En vérité, est-ce que le gouvernement croit que les successeurs immédiats de ceux qui ont fait la révolution du 14 avril en proclamant qu'ils allaient instaurer un ordre social nouveau —sentiment que partageaient même les adversaires du sens politique du 14 avril— que ces hommes qui ont promis une organisation nouvelle de l'économie vont se contenter de voir élever quelques bâtiments publics et croire que cela résoud le problème social ? Que le Gouvernement comprenne qu'en vérité, cela n'est pas suffisant pour justifier un système politique ni un régime.

Cortès, 25-1-35.

205. [...] la déclaration constitutionnelle que l'Espagne renonce à la guerre, que veut-elle dire ? Si c'est une simple stupidité, et qu'il n'y a rien derrière elle, au diable ses auteurs. Mais si l'on veut dire que l'Espagne se propose d'être neutre dans les guerres futures, alors cette déclaration aurait dû être suivie immédiatement d'une augmentation de nos forces militaires, de terre, de mer et de l'air, parce qu'une nation avec toutes ses cotes ouvertes et placée en un des points les plus périlleux de l'Europe ne peut même pas discuter de sa neutralité, si elle n'est pas capable de la faire respecter. Seuls les forts peuvent être neutres dignement. Je ne sais pas si les auteurs de cette phrase cherchent à nous imposer une neutralité indigne.

Discours, Madrid, 19-5-35.

206. L'Espagne a passé quatre ans à faire une politique internationale française, à se mouvoir dans l'orbite internationale de la France. Le fait que l'Espagne pratique une politique internationale d'accord avec des puissances amies n'a rien qui puisse nous surprendre. Mais, en matière internationale, les nations n'ont pas l'habitude de donner sans rien recevoir, et la France dont nous servons la politique internationale nous traite mal dans les traités de commerce, nous relègue à un plan inférieur à Tanger et négocie dans notre dos le régime de la Méditerranée, comme si nous n'étions pas, nous aussi, dans la Méditerranée. En somme, la seule contrepartie que nous ayons pour servir dans le monde la politique française est la vanité satisfaite de quelque ministre pédant ou de quelque ambassadeur.

Ibid.

207. [...] tranquillement, dans les conférences publiques d'un Chef de gouvernement. et d'un Ministre des Affaires Etrangères, on organise la politique de la Méditerranée, comme si nous étions une île du Pacifique et sans que nous ayons reçu la moindre nouvelle annonçant que le Gouvernement se préoccupe de réclamer, au nom de l'Espagne, un poste d'où il puisse se faire entendre dans la question de l'organisation et de la politique de la Méditerranée.

(N)

208. Une fois rompue toute possibilité de vie en commun, il faudra dissoudre les Cortès. En quelques élections le pays sera livré à la bataille entre les deux moitiés acharnées : la droite et la gauche. Qui l'emportera ? Pour le savoir, il faut examiner ce que sont, en Espagne, la gauche et la droite.

Lettre a un officier espagnol, 1935.

209. L'ordre constitutionnel en vigueur ne peut même plus se supporter lui- même. L'Etat, pour vivre, doit recourir à des subterfuges qui le mettent en dehors du fonctionnement normal des institutions. Ce n'est plus seulement l'état de guerre devenu endémique avec sa séquelle d'interventions contre la Presse, de suppressions et de fermetures, de prisons gouvernementales, etc... C'est aussi la formation d'un gouvernement né du système parlementaire, mais qui ne pourra pas vivre une demi-heure au Parlement et qui, pour jouir d'une passagère illusion de vie, doit maintenir les Cortès fermées jusqu'à la limite de temps autorisée par le Constitution.

Ibid.

210. Les dirigeants actuels du Front Populaire, obéissant à un plan combiné au dehors, désarticulent tout ce qui, dans la vie espagnole, pourrait offrir quelque résistance à l'invasion des barbares.

Lettre aux Forces armées espagnoles, écrite secrètement dans la
prison-modèle, Madrid, 4-5-36.

211. En ce sens, la victoire du Front Populaire n'est pas bonne pour nous. Mais le triomphe de la droite n'a pas été meilleur. Nous serions arrivés à un tel degré de dégradation utilitaire, que tout aurait tendu à étouffer complètement les valeurs spirituelles et, ce qui est pire, à les travestir en pur verbalisme, parodie et falsification. Ce processus de dégradation était déjà très avancé à la veille des élections. Son triomphe, cette fois, eût été celui d'un capitalisme cristallisé dans ses pires tendances. Spirituellement, la Phalange aurait souffert davantage dans cette paix fangeuse que dans la guerre franche et brutale aujourd'hui déclenchée.

"Dans la tempête", 1936.

212. Les consignes viennent de loin, de Moscou. Voyez comme elles coïncident exactement dans les divers pays. Voyez comme en France, sur l'ordre des Soviets, le Front Populaire s'est transformé, selon la même méthode qu'en Espagne. Ici —ainsi que l'avaient annoncé ceux qui connaissent ces manœuvres— on a fait trêve jusqu'à la date précise des élections françaises et, le jour même où les troubles d'Espagne ne pouvaient plus influencer les électeurs français, les incendies et les assassinats ont recommencé.

Lettre aux Forces armées espagnoles, 4-5-36.

213. Les cris, vous les avez entendus dans les rues, non seulement « Vive la Russie » et « Russie, oui, Espagne, non ! », mais le honteux, le monstrueux cri de « Mort à l'Espagne ! ». Pour avoir crié « mort à l'Espagne », personne n'a été puni jusqu'à présent, tandis qu'il y a des centaines de gens en prison pour avoir crié « Vive l'Espagne ! » ou « L'Espagne d'abord ! ». Si cette vérité, qui fait dresser les cheveux sur la tête, n'était pas connue de tout le monde, on n'oserait pas l'écrire, de peur de passer pour un menteur.

Ibid.

214. Les objectifs de la révolution sont bien clairs. Le groupement socialiste de Madrid dans le programme officiel qu'il a rédigé, réclame pour les régions et les colonies un droit illimité d'auto-détermination, y compris celui de se prononcer pour l'indépendance.

Ibid.

215. Le sens profond du mouvement qui se développe est radicalement antiespagnol. Il est ennemi de la Patrie. Il déprécie l'honneur féminin en organisant la prostitution collective des jeunes ouvrières dans ces fêtes champêtres, où l'on cultive librement l'impudeur; il mine la famille, supplantée en Russie par l'amour libre, par les réfectoires publics, par la faculté du divorce et de l'avortement (n'avez-vous pas entendu crier récemment à des jeunes filles espagnoles : « des enfants, oui, des maris, non ») et renie l'honneur qui a toujours donné forme aux choses espagnoles, même dans les milieux les plus humbles. Aujourd'hui, tout ce qui est vil est maître en Espagne : on tue des hommes lâchement, à cent contre un, les autorités falsifient la vérité, on incurie les gens dans d'immondes libelles, et on ferme la bouche aux victimes pour qu'elles ne puissent pas se défendre, on récompense la trahison et le marchandage. Est-ce cela l'Espagne ? Est-ce cela le peuple d'Espagne ? On dirait que nous vivons un cauchemar et que l'antique peuple espagnol serein, valeureux, généreux, a été remplacé par une plèbe frénétique, dégénérée, droguée de littérature communiste.

C'est seulement dans les pires moments du XIXème siècle que notre peuple a connu des heures pareilles et sans l'intensité actuelle.

Ibid.

(P)

216. L'armée est, avant tout, la sauvegarde de ce qui est permanent, c'est pour cela qu'elle ne doit pas se mêler de luttes accidentelles. Mais quand c'est le permanent même qui est en péril, quand l'existence même de la Patrie est en danger —(qui peut, par exemple, si les choses tournent mal, perdre son unité)—, alors l'armée n'a plus qu'un remède : délibérer et prendre parti. Si elle s'abstient, par une interprétation superficielle de son devoir, elle s'expose à se trouver du jour au lendemain sans rien à servir. Devant tes écroulements décisifs, l'Armée ne peut servir ce qui est permanent que d'une manière, en le restaurant aussitôt par les armes.

Lettre à un officier espagnol, 1935.

217. Certains d'entre vous —soldats et officiers espagnols de l'armée de terre, de mer ou de l'air— proclament-ils encore l'indifférence des militaires pour la politique ? On avait le droit de soutenir cela quand la politique se déroulait entre partis. Ce n'était pas à l'épée de l'armée de décider de l'issue de ces combats, d'ailleurs par trop médiocres. Mais aujourd'hui, nous ne nous trouvons pas en présence d'un combat intérieur. La vie même de l'Espagne, en tant qu'entité, en tant qu'unité, est en jeu. Le risque présent est exactement comparable à celui d'une invasion étrangère. Et ceci n'est pas une figure de rhétorique. Le mouvement qui encercle l'Espagne se dénonce comme étranger par ses consignes, ses cris, ses objectifs, son «sens».

218. Sans l'appui de votre force, soldats, il faudrait que nous soyons des titans pour triompher Si vous pliez, l'ennemi serait sûr de la victoire. Mesurez votre terrible responsabilité. Il dépend de vous que l'Espagne continue à être ! Réfléchissez si cela ne vous oblige pas à passer par-dessus les chefs vendus ou couards, à dominer les hésitations et les dangers. L'ennemi, prudent, spécule sur votre indécision. Tous les jours, il gagne des points. Prenez garde que le jour où vous ne pourrez plus reculer, vous ne soyez déjà paralysés par le filet insidieux qu'il tend autour de vous. Secouez dès maintenant ces liens ! Formez des maintenant une union inébranlable, sans attendre l'adhésion des hésitants.

Jurez sur votre honneur que vous ne laisserez pas sans réponse l'appel aux armes qui va sonner.

Ibid.

219. Bon gré mal gré, soldats d'Espagne, l'armée qui, depuis quelques années, est le seul gardien des traditions essentielles qui révèlent notre existence historique, l'Armée va devoir assumer la charge de remplacer l'Etat, qui a cessé d'exister.

Le destin de l'Espagne, une fois entre les mains de l'Armée, il y a deux écueils à prévoir, deux écueils contraires, capables de faire échouer l'épreuve. Ces deux écueils sont l'excès d'humilité et l'excès d'ambition.

1. *Excès d'humilité.*— Il est fort à craindre que l'Armée ne s'assigne à elle-même le rôle, trop modeste, de simple agent d'exécution de la révolution et s'empresse, aussitôt celle-ci réalisée, de déposer le pouvoir entre d'autres mains. Dans ce cas, on peut prévoir deux solutions, qui seront des erreurs:

a) Un gouvernement de notables, c'est-à-dire, une réunion de personnages éminents appelés en raison de leur réputation, sans souci des principes politiques qu'ils professent. Cela frustrerait le pays de la magnifique possibilité nationale du moment. Un Etat est plus que l'ensemble d'un certain nombre d'organisations techniques, c'est plus qu'une bonne gérance, c'est l'instrument historique du destin d'un peuple. On ne peut conduire un peuple sans la claire conscience de son destin. Mais précisément, c'est l'interprétation de ce destin et les chemins à suivre pour l'accomplir qui constituent une position politique. L'équipe de personnages illustres appelée au gouvernement, s'ils ne sont pas unis par une foi commune, ne constituera bientôt qu'une gérance, plus ou moins bonne, qui languira sans susciter autour d'elle aucune chaleur populaire.

b) Le gouvernement de concentration, ou réunion de représentants des différents partis disposés à participer au gouvernement, cette solution ajouterait à la stérilité interne spécifique de la solution précédente, celle de n'être rien d'autre qu'une rechute dans la politique des partis, pour préciser, des partis de droite, car il est bien évident que ceux de gauche ne vont pas intervenir. C'est dire que ce qui aurait pu être le commencement d'une ère nationale pleine de promesses se trouvera réduit, une fois de plus, au triomphe d'une classe, d'un groupe, d'un intérêt partiel. voilà quels seraient les dangers d'un excès d'humilité.

Mais le contraire est aussi à craindre. Nous allons, l'examiner.

2. *Excès d'ambition.*— Non, entendons-nous bien, d'ambition personnelle des militaires, mais d'ambition historique, ceci arriverait si les militaires, persuadés qu'il ne suffit pas d'une bonne gérance, mais qu'il est nécessaire de susciter l'émotion d'une tâche collective, d'une interprétation nationale du moment historique, cherchaient à la susciter par eux-mêmes. C'est-à-dire si les militaires, auteurs et co-exécutants du coup d'Etat, se proposaient de découvrir par eux-mêmes la doctrine et la route de l'Etat

nouveau. Pour une telle tentative, les militaires n'ont pas une formation politique suffisante. Si je voulais essayer, comme tant d'autres, de flatter l'armée, je lui attribuerais en bloc toutes les capacités. C'est parce que je sais ce que représente l'Armée, et l'immense trésor de vertu silencieuse, héroïque, intacte qu'elle renferme, qu'il me paraît indécent de l'aduler. Je pense, au contraire, que c'est un acte de loyauté de mettre a son service un effort de clairvoyance. C'est pour cela que je dis, comme je le pense: l'Armée, habituée à considérer que la politique n'est pas sa mission, a, en politique, un angle de vue étroit. Elle pèche par ingénuité quand il s'agit d'imposer des solutions politiques. Son manque de fermeté doctrinale et de puissance dialectique fait qu'elle n'attire pas longtemps le peuple, ni les jeunes. N'oublions pas le cas du général Primo de Rivera: malgré son patriotisme, son courage et son intelligence naturelle, il ne réussit pas à exciter un enthousiasme durable, faute d'une vision suggestive de l'Histoire. L'Union patriotique, pauvre de substance doctrinale, resta dans un vague plein de candeur et de bonnes intentions.

Si la Providence met de nouveau entre vos mains, Officiers, le destin de la Patrie, songez que vous seriez impardonnables de vous engager dans ce chemin sans issue. N'oubliez pas que celui qui rompt les normes de l'Etat, contracte par cela même l'obligation d'en édifier un nouveau, et non pas seulement celle de rétablir uni, simple apparence d'ordre, et que l'édification d'un état nouveau exige de lui un sens résolu et mûri de l'histoire et de la politique, et non pas seulement une téméraire confiance en sa propre capacité d'improvisation.

Lettre à un officier espagnol, 1935.

TROISIEME PARTIE :
DIRECTIVES PRATIQUES

I. LA JEUNESSE SOUS LES INTEMPERIES

220. Nous avons passé quelques lustres à écouter des leçons de propagande défaitiste et nous étions presque arrivés à perdre foi en nous-mêmes. Nous n'étions plus que les héritiers d'une Espagne faible, détraquée, d'une Espagne de carte postale; du Madrid du « Fornos » et du foyer d'Apollon, de journalistes spadassins pendant que l'Espagne achevait de perdre son Empire. Nous nous étions habitués à une vie médiocre et fanfaronne.

Cortès, 9-10-34.

221. Si la Révolution espagnole est toujours pendante, c'est parce que l'Espagne n'éprouve pas d'ambition historique dans la vie universelle maintient un régime social absolument injuste.

Ibid.

222. [...] quand nous, les hommes de notre génération, avons ouvert les yeux, nous avons trouvé un monde moralement en ruines, un monde divisé à tous les points de vue, et en ce qui nous touche de plus près, une Espagne moralement déchue, une Espagne déchirée par toutes sortes de haines et de luttes.

Discours, Madrid, 29-10-33.

223 [...] une jeunesse qui, à l'heure actuelle, a quitté le cadre des partis gouvernementaux et des partis d'opposition, et qui ne l'a pas quitté parce qu'elle a la démangeaison de jouer les « fils à papa » fascistes. Rien n'est plus loin de notre idée.

[...] Notre génération, qui a peut-être devant elle trente ou quarante ans de vie, ne se résigne pas à continuer à vivre écrasée entre l'absence d'audition historique et le manque de justice sociale.

Cortès, 6-6-34.

224. Nous tous, qui nous sommes penchés sur le monde depuis des catastrophes comme la Grande guerre, la crise mondiale, et des événements comme la Dictature et la République espagnole, nous sentons en Espagne le besoin latent, le besoin qui devient bous les jours plus urgent, d'une révolution, et ce besoin est issu de deux veines : la justice sociale qu'il faudra bien arriver à instaurer, et le sens profond de la tradition, moelle de l'esprit espagnol, qui ne réside peut-être pas où bien des gens pensent, et qu'il est nécessaire de rajeunir à tout prix.

Cortès, 3-7-34.

225. [...] si une génération doit s'adonner à la politique, elle ne peut le faire avec le répertoire d'une demi-douzaine de phrases qui ont déjà servi à plusieurs autres.

226. Nous pensons, comme toujours, sans restrictions mentales, a l'Espagne et rien qu'à l'Espagne; parce que l'Espagne est plus qu'une forme constitutionnelle, parce que l'Espagne est plus qu'un fait historique; parce que l'Espagne ne pourra jamais entrer en lutte contre sa terre, contre aucune partie de ses terres.

Cortès, 4-1-34

227. Pour assurer la continuité de cette Espagne mélancolique, triste, sans ailes, qui tous les deux ans a besoin de quelque remède d'urgence, qu'on ne compte pas sur nous. Nous ne voulons qu'une chose : faire une autre Espagne, une Espagne qui échappe à la tenaille de la haine et de la peur par la seule issue honorable par en haut et, qui puisse alors donner de nouveau à son peuple les trois choses que nous réclamons dans notre cri : «la Patrie, le Pain, la Justice».

Discours, Madrid, 2-2-36.

228. Nous avons besoin de deux choses : d'une nation et d'une justice sociale. Nous n'aurons pas de nation tant que chacun d'entre nous se considérera comme porteur d'un intérêt particulier, d'un intérêt de groupe ou de parti. Nous n'aurons pas de justice sociale tant que chacune des classes, dans un régime de lutte, cherchera à imposer sa volonté aux autres. C'est pour cela que ni le libéralisme, ni le socialisme ne peuvent nous donner ce qui nous manque.

"Nouvelle lumière en Espagne" , Mar, 1934.

229. L'Espagne a besoin de sa révolution. Elle a besoin d'une révolution qui lui rende le sens d'une œuvre à accomplir dans le monde et qui l'organise sur une base sociale tolérable. La vie sociale espagnole est basée sur l'injustice, elle est saturée d'injustice. Le niveau de vie d'une grande partie des Espagnols est celui des animaux. Le pays, la nation espagnole, ont besoin d'une réorganisation complète de l'économie, d'un sens social absolument nouveau et du sentiment de l'unité dans l'accomplissement d'une mission collective.

Cortès, 21-3-35.

230. Toutes les révolutions ont été incomplètes jusqu'à ce jour en ce qu'aucune n'a servi simultanément l'idée nationale de Patrie et l'idéal de justice sociale. Nous intégrons ces deux éléments et, fermement, catégoriquement, sur ces deux principes immuables, nous entendons faire notre révolution.

Discours, Valladolid, 4-3-34.

231. En face d'une volonté offensive décidée, une résistance froide et passive ne suffit pas. A une foi, il faut opposer une autre foi. Même dans les époques impériales, où il y a tant de choses qui valent la peine d'être conservées, la volonté inerte de conservation ne suffit pas. Une nation est toujours une œuvre, et l'Espagne, particulièrement: ou exécutrice d'un destin dans l'universel ou victime d'un processus rapide de désintégration.

"Avant les élections", "Arriba", 16-1-35.

232. Rien ne peut sauver le matériel : l'important est que la catastrophe du matériel ne détruise pas les valeurs essentielles de l'Esprit. C'est cela que nous voulons sauver coûte que coûte.

Discours, "L'Espagne et la barbarie", Valladolid, 3-3-35.

233. [...] Quelqu'un nous dira : « Pourquoi introduire la politique à l'Université ? » Pour deux raisons : d'abord, parce qu'aucun homme, si spécialisé soit-il, ne peut se soustraire à l'appel de la politique. Ensuite, parce que parler franchement de politique, c'est éviter la fraude de ceux qui, se couvrant d'hypocrites étiquettes apolitiques, introduisent en contrebande la politique dans les milieux scientifiques.

Conférence S. E. U., "Droit et Politique", 11-11-35.

234. [La mission de la jeunesse espagnole est] bien claire : mener à bien par elle-même l'édification d'une Espagne entière, harmonieuse. Par elle-même, qui la sent et qui la comprend, sans intermédiaires ni dirigeants.

"La jeunesse sous les intempéries", "Arriba", 7-11-35.

235. Si le service de l'Espagne est quelque chose d'éternel et d'inchangeable, contre quoi les atteintes et les crocs-en-jambe du temps ne peuvent rien, et auprès de quoi le don de la vie ne représente que peu de chose, il y a lieu de recueillir avec application tous les enseignements susceptibles de nous aider à l'accomplir. Et pour assimiler ces leçons, subtilement espagnoles, nous prêchons le retour aux veines profondes et authentiques de l'Espagne.

Ibid.

236. Si nous énoncions tout un programme de solutions concrètes, nous ne serions qu'un parti de plus. De tels programmes ont un avantage, c'est qu'on ne les applique jamais. En revanche, quand on a un sens permanent de l'histoire et de la vie, ce sentiment même nous fournit les solutions concrètes, comme l'amour nous dit quand nous devons nous disputer et quand nous devons nous embrasser sans qu'un véritable amour ait jamais tenu tout prêt un programme d'embrassades et de disputes.

Discours, Madrid, 29-10-33.

237. Seul l'embarquement vers de grands desseins rendra impossible d'une façon absolue la création d'un état d'esprit semblable à celui qui a facilité la tentative criminelle de Catalogne.

238. [...] Vous verrez comme nous referons la dignité de l'homme pour rebâtir sur elle la dignité de toutes les institutions qui, ensemble, composent la Patrie.

Discours, Madrid, 19-5-35.

II. L'INSTRUMENT DE LA REVOLUTION

239. [...] avec une candeur risible, ils conseillaient comme remède le retour pur et simple aux anciennes traditions, comme si la tradition était un «état» et non un « processus », et comme si le miracle de marcher en arrière et de retourner vers l'enfance était plus facile pour les peuples que pour les hommes.

[...] Entre ces deux attitudes, nous fûmes quelques-uns à nous demander si une synthèse ne pourrait pas être réalisée entre les deux choses : d'un côté la révolution, non comme prétexte à laisser tout aller, mais comme occasion chirurgicale de tout refaire d'une main ferme et guidée par une règle, de l'autre, la tradition, non comme remède, mais comme base substantielle, non avec l'idée de copier l'œuvre des grands ancêtres, mais dans l'esprit de deviner ce qu'ils auraient fait à notre place.

"Tradition et Révolution", Août, 1935.

240. La Phalange fut le fruit de cette inquiétude de quelques-uns d'entre nous. Je doute qu'un mouvement politique soit jamais né d'un processus interne plus austère, ait été élaboré avec plus de rigueur et d'authentique esprit de sacrifice par ses fondateurs car pour nous —je le sais mieux que quiconque— rien n'est plus pénible que cette obligation de nous exhiber et de pousser des cris en public.

Ibid.

241. L'occasion de notre apparition en Espagne fut le 14 avril. Cette date [...] a été considérée de beaucoup de points de vue, et comme toutes les dates historiques, avec pas mal de stupidité et d'ignorance.

Discours, Madrid, 19-5-35.

242. Nous nous sommes unis par en haut, en hommes nobles et généreux, pour défendre la Patrie avec abnégation, non pour servir des intérêts subalternes ou soutenir les particularismes qui unissent les partis de classe sous le masque des grands principes. Car nous n'avons pas, nous, de bas intérêts de classe à défendre, et ceux qui nous connaissent, ceux qui nous regardent de près, en profondeur, le savent parfaitement. Nous nous sommes unis par tout ce qui est grand et noble, et par nos émotions plus encore que par nos intelligences. C'est le sang de nos morts qui nous a unis. C'est lui qui a signé notre pacte.

F. E et J. O. N. S., "Fe", 22-2-34.

243. [...] Aujourd'hui plus encore qu'hier, en nous formant en un seul faisceau de combat, nous ne sommes, définitivement, « ni de droite ni de gauche ». Nous sommes « d'Espagne », de la justice, de la communauté totale du destin national, du peuple en tant qu'intégration victorieuse des classes et des partis.

Ibid.

244. Notre mouvement... n'est pas une manière de penser, c'est une manière d'être. nous ne devons pas nous proposer seulement la construction, l'architecture politique. Nous devons adopter devant la vie toute entière, dans chacun de nos actes, une attitude humaine, profonde, complète. Cette attitude, c'est l'esprit de service et de sacrifice, le sens ascétique et militaire de la vie.

Discours, Madrid, 29-10-33.

245. Ici personne n'est rien, sinon une pièce d'un tout, un soldat de l'œuvre qui est notre œuvre et celle de l'Espagne.

Discours, Valladolid, 4-3-34.

246. Il n'y a que deux manières sérieuses de vivre : la manière religieuse et la manière militaire (ou même une seule car il n'y a pas de religion qui ne soit une milice, ni de milice qui ne soit réchauffée par un sentiment religieux), et il est temps de comprendre que c'est avec ce sens religieux et militaire que nous devons restaurer l'Espagne.

Cortès, 6-11-34.

247. Discipline, service, sont les mots qui flottent au-dessus de cette génération dont l'aspiration profonde est de rendre impossible une nouvelle attaque contre l'être sacré, éternel et indivisible, de l'Espagne.

"Arriba", 18-4-35.

248. La milice hisse son guidon d'enrôlement à tous les coins de la conscience nationale. Pour ceux qui ont su conserver leur dignité d'hommes et de patriotes. Pour ceux qui sentent encore battre dans leurs veines le sang espagnol, qui entendent dans leurs veines la voix des ancêtres enterrés dans le sol natal, et l'écho de leur gloire qui exige impérieusement l'éternité de leur patrie et de leur race.

"Le sens héroïque de la Milice", "Haz", 15-7-35.

249. La milice est une exigence, une nécessité inéluctable pour les hommes et les peuples qui veulent assurer leur salut, un ordre irrésistible pour ceux qui sentent que la Patrie et la continuité de son festin demandent en chœurs passionnés, en vagues de voix impérieuses et impériales, leur encadrement dans une force hiérarchisée et disciplinée, sous le commandement d'un chef, en obéissance à une doctrine, pour la mise en œuvre d'une seule tactique, généreuse et héroïque.

Ibid.

250. Vous avec vécu, chaque jour, la vie tendue de la Phalange, vous êtes arrivés à comprendre la vie avec une attitude complète, un sens total, applicable aux grandes choses comme aux petites. Votre allure s'est faite sous le signe hardi de la chemise bleue, vous avez acquis un vocabulaire typique.

"Haz", 19-7-35.

251. Ce qu'il y a de moins important dans le mouvement qui, à l'heure actuelle, est près de battre son plein en Europe, c'est la tactique de force, simplement concomitante, voire circonstancielle, et dans certains pays inutile.

1ère Lettre ouverte à Luca de Tena, "A B C", 22-3-33.

252. [...] Et si, pour obtenir cela, il faut parfois recourir à la violence, nous n'hésiterons pas à recourir à la violence. Je ne sais plus qui a dit — parlant de « tout sauf la violence » — qu'au sommet de la hiérarchie des valeurs morales, il y a l'amabilité — et que lorsqu'on insulte à nos sentiments profonds, avant de réagir en hommes, nous avons d'abord l'obligation d'être aimables. J'admets, oui, la dialectique comme premier instrument communication. Mais quand on attaque la Justice et la Patrie, il n'y a pas d'autre dialectique admissible que celle des poings et des armes.

Discours, Madrid, 29-10-33.

253. Tout système s'est implanté par la violence même le doux libéralisme [...].

La violence n'est pas condamnable systématiquement. Elle ne l'est que lorsqu'on l'emploie contre la Justice. Même Saint Thomas, dans les cas extrêmes, admet la rébellion contre le tyran. Si donc on emploie, la violence contre une secte triomphante qui seine la discorde, nie la continuité nationale, et obéit à des ordres venus de l'étranger (Internationale d'Amsterdam, Maçonnerie, etc...) pourquoi dénigrer le système que cette violence cherche à imposer?

"Pendant que l'Espagne fait la sieste", "Haz", 19-7-35.

254. Nous ne voulons pas végéter dans l'ordre ancien. Sous lui, l'Espagne a souffert l'humiliation internationale, la dissension interne, le dégoût des grandes entreprises, l'outragé, la saleté, les conditions de vie indignes d'hommes qui sont celles de millions d'individus.

[...] Il faut mobiliser l'Espagne du haut en bas, la mettre sur le pied de guerre. Elle doit s'organiser, tout de suite, et non rester au lit comme un malade qui n'a pas envie de guérir, entre les onguents et les cataplasmes d'une bonne administration.

Ibid.

255. [...] nous, qui ne sommes ni de droite ni de gauche, qui savons que l'une et l'autre de ces positions sont incomplètes, insuffisantes, mais qui n'ignorons pas non plus que tout le matériel humain dont dispose l'Espagne est réparti entre la droite et la gauche, et attend là, la voix du salut.

Discours, Madrid, 2-2-36.

256. [...] les membres de cette jeunesse, dont je fais partie, considèrent non seulement qu'une dictature de droite ou de gauche est une chose mauvaise, mais encore qu'il est mauvais qu'il existe une position politique de droite et une position politique de gauche.

Cortès, 19-12-33.

257. Nous ne sommes ni dans le groupe de la réaction, monarchiste, ni dans celui de la réaction populiste. En face de la fraude du 14 avril, nous ne pouvons nous joindre à aucun groupe ayant, plus ou moins ouvertement, des intentions réactionnaires ou contre-révolutionnaires, parce que nous, précisément, nous accusons le 14 avril non d'avoir été violent, non d'avoir été inopportun, mais d'avoir été stérile, et d'avoir frustré, une fois de plus, le peuple espagnol de la révolution. C'est pour cela que nous, en dépit des injures et des calomnies nous entreprenons la tâche de recueillir, dans la rue, parmi ceux qui l'ont connu et perdu, parmi ceux qui ne veulent pas le retrouver, le sens, l'esprit révolutionnaire espagnol qui, tôt ou tard, bon gré mal gré, nous rendra la communauté de destin historique et la véritable justice sociale qui nous manquent.

C'est pour cela que notre régime, qui aura de commun avec les régimes révolutionnaires, d'être né du mécontentement, de la protestation, de l'amour amer de la Patrie, sera un régime national en tout, sans patrioteries, sans fanfaronnades de décadence, un régime calqué exactement sur l'Espagne difficile et éternelle qui se cache dans la véritable tradition espagnole. Et il sera profondément social, sans démagogie —nous n'en aurons pas besoin— mais implacablement anticapitaliste, implacablement anticommuniste.

Discours, Madrid, 19-5-33.

258. [...] nous nous sentons, sinon l'avant-garde, du moins l'armée d'un ordre nouveau qu'il faut que nous implantions en Espagne, je le dis et j'ajoute avec ambition, d'un ordre nouveau que l'Espagne doit transmettre à l'Europe et au monde.

Discours. "L'Espagne et la barbarie", Valladolid, 3-3-35.

259. La Phalange est au service de deux extrémismes, de deux mysticismes : celui de la révolution chrétienne civilisatrice et permanente et celui de la présente révolution moderne, revendicatrice et populaire. La Phalange peut nettoyer, fixer et donner de la splendeur à tout ce qu'il y a de sale, de trouble, de déformé et d'opaque dans la droite et dans la gauche, parce que tout ce qu'il y a à droite et à gauche provient de racines profondes mal cultivées qui donnent naissance à des arbres mal venus et tordus. De cette double correction résulte l'intégrité de notre Etat qui est lié par ses deux extrémismes aux profondeurs d'un pays qui est resté en grande partie traditionaliste et catholique et qui est, par ailleurs, tout bouillant de revendications modernes et populaires. Ainsi, la Phalange s'élance, dans sa révolution ordonnée, dans sa double conscience de modernisme et d'éternité, c'est-à-dire, dans la plénitude de sa conscience historique.

"Dans les temps durs".

260. Notre mouvement ne liera jamais en rien sa destinée aux intérêts de groupe ou de classe, qui se cachent sous la division superficielle en droite et en gauche.

Discours, Madrid, 29-10-33.

261. [...] bien des gens supposaient que nous étions venus au monde pour jouer notre vie pour la défense de leur propre tranquillité, ils nous reprochaient même dans certains journaux conservateurs de ne pas nous livrer à l'assassinat, et imaginaient que nous jouions nos vies et celles de nos jeunes camarades à seule fin que leur repos à eux ne fût pas troublé.

Cortès, 3-7-34.

262. [...] Comme il y avait en circulation, dans le monde, quelques modèles-types et comme un des traits caractéristiques de l'espagnol est sa parfaite indifférence et son incapacité à comprendre son prochain, rien ne ressemblait aussi peu au sens dramatique de la Phalange que les interprétations fleuries nées à son sujet dans l'es esprits amis autant qu'ennemis. Depuis ceux qui, sans chercher plus loin, nous considéraient comme une organisation destinée à distribuer les coups de trique, jusqu'à ceux, d'allure plus intellectuelle, qui nous croyaient partisans de l'absorption de l'individu par l'Etat, depuis ceux qui nous haïssaient comme représentants de la plus noire réaction jusqu'à ceux qui imaginaient nous aimer follement parce qu'ils voyaient en nous la sauvegarde de leurs digestions futures — que de stupidités ne nous aurait-il pas fallu entendre au sujet de notre mouvement?

C'est en vain que nous avons parcouru l'Espagne et que nous nous sommes égosillés en de nombreux discours, c'est en vain que nous avons publié des journaux, l'Espagnol, ferme dans ses conclusions premières et infaillibles, nous a refusé, fût-ce à titre d'aumône, ce que nous aurions apprécié le plus : un peu d'attention.

"Tradition et Révolution", août, 1935.

263. [...] parce que le fascisme présente une série de particularités extérieures, interchangeables, que nous ne voulons pour rien au monde adopter, les gens peu aptes à faire des distinctions délicates nous jettent à la tête tous les attributs du fascisme sans voir que nous n'avons de commun avec lui que des éléments essentiels de valeurs permanentes.

[...] cette conviction que l'Etat a quelque chose à faire, et doit croire en quelque chose, voilà ce qu'il y a de permanent dans le fascisme, et cela peut parfaitement être dégagé de toutes les infirmités, de tous les accidents et de tous les ornements du fascisme, parmi lesquels il y en a qui me plaisent et d'autres qui ne me plaisent pas.

Cortès, 3-7-34.

264. Depuis plusieurs années l'Espagne cherche sa révolution car d'instinct elle se sent emprisonnée entre deux dalles écrasantes, au-dessus le pessimisme historique et au-dessous l'injustice sociale.

Notre génération ne peut pas être satisfaite si elle ne recouvre pas pour l'Espagne une entreprise historique ou au moins une possibilité de réaliser des entreprises historiques, et d'autre part si l'on n'arrive pas à établir l'économie sociale sur des bases nouvelles qui rendront tolérable pour nous tous la vie commune.

Ibid.

265. Si nous nous sommes lancés à travers les campagnes et les villes d'Espagne, avec beaucoup de travail et quelque danger —ceci n'importe guère— pour prêcher la bonne nouvelle, c'est parce que, comme vous l'ont dit tous les camarades qui ont parlé avant moi, nous sommes sans Espagne.

Nous avons une Espagne divisée par trois guerres de sécession : les séparatismes locaux, la lutte entre les partis et la division des classes.

Discours, Valladolid, 4-3-34.

266. La Phalange n'existe pas. La Phalange n'a pas la moindre importance. Voilà ce qu'on dit ! Mais déjà nos paroles sont dans l'air et sur la terre. Et nous, dans la cour de la prison, nous sourions sous le soleil. Sous un soleil de printemps qui fait pointer tant de bourgeons.

Article, "Prieto s'approche de Phalange", 23-5-36.

267. Depuis que l'on affirme que nous avons cessé d'exister, il n'y a pas un seul aspect de la vie espagnole qui ne soit imprégné de notre présence. Je ne parle pas de fascisme ou d'antifascisme. Je parle spécifiquement des idées et du vocabulaire de la Phalange. Il suffirait de faire défiler devant vos mémoires les mots employés dans les thèmes politiques jusqu'à il y a trois ans : « droite », « gauche », « hommes d'ordre », « démocratie », « réformes sociales » [...] Qui oserait nier leur débilité ? Et, même pour les mouvements qui ont accompli, en leur temps, une mission considérable, pourrait-on énumérer sans retouche, leur vieille liste : « religion », « patrie », « famille », « propriété » ? Evidemment chacun de ces thèmes continue à symboliser des valeurs humaines fondamentales, mais delà on ne peut plus les proclamer ainsi. La lettre reste pleine de sens, mais la musique a déplorablement vieille. La lutte politique a acquis un autre ton et une autre profondeur. Ceux qui n'étaient pas du côté du marxisme se sont enfin rendu compte qu'il faut le regarder en face, et creuser jusqu'à l'extrémité de ses racines [...] plus simplement; que tout antidote contre le marxisme est inefficace s'il ne part pas de la donnée suivante: le monde [...] assiste aux ultimes moments de la fin d'une ère. Peut-être de l'ère du capitalisme libéral, peut-être d'une autre plus ample, dont le capitalisme libéral n'est que la dernière étape. Nous nous trouvons en face d'une imminente « invasion de barbares », d'une de ces catastrophes historiques qui ont coutume d'annoncer les ères nouvelles. Jamais la frivolité n'a été moins de saison. Jamais plus que maintenant la vie n'a eu un sens religieux et militant. Les plaies de nos jours refusent de se cicatriser à faux. Il faut appeler à notre secours les ultimes réserves vitales, celles qui, dans les périodes ascendantes, ont réussi à bâtir les nations. De là le mot « national » compris comme propagande d'une mission, d'une tâche, et non comme programme commun de tous les partis. Bien des gens, à l'heure actuelle, arborent le drapeau du nationalisme. Mais les premiers qui ont prononcé ce mot « national » en politique active, avec ce sens précis, poétique et combattant, ce sont les hommes de la Phalange espagnole.

Et avec lui, toute une dialectique, toute une poétique et une austérité rigide, faute surtout de renoncement. Au début, nous étions peu nombreux et notre voix était faible. Jamais nous n'avons disposé de grands organes de publicité. Nos manifestations, une presse en partie hostile, en partie méfiante, n'en a jamais parlé qu'en sourdine. C'est sans doute par les voies mystérieuses qu'emploient les idées religieuses que s'est propagée et diffusée notre doctrine. A l'heure présente, il n'y a pas un seul homme politique espagnol qui n'ait adopté plus ou moins ouvertement quelque point ou quelque trait de notre vocabulaire.

Ibid.

268. Je suis stupéfait de voir que. au bout de trois ans, l'immense majorité de nos compatriotes persiste à nous juger sans avoir, en aucune façon, commencé à nous comprendre, voire sans avoir sollicité, ni accepté, l'information la plus rudimentaire. Si la Phalange se consolide sous une forme durable, je pense que tous ressentiront une véritable douleur en pensant à tout le sang versé pour ne pas avoir voulu nous accorder quelque attention impartiale entre la fureur d'une part et l'antipathie de l'autre.

Testament de José Antonio.

269. Alors que bien des baudruches gonflées s'effondraient aux premiers coups de l'adversité, la Phalange, persécutée et sans argent, est la seule qui maintienne sa foi joyeuse en une renaissance de l'Espagne et son front inébranlable en face des assassinats et des violences.

Manifeste cent dans la prison de la Sécurité Générale, 14-3-36.

270. Nous sommes entrés dans la lutte [...] pour qu'un Etat autoritaire projette ses bienfaits de la même façon sur les puissants et sur les humbles.

Discours, Madrid, 29-10-33.

271. Pour tout ce qui n'est pas négation, lâche, notre effort, et sans lésiner ! Sous les plis de ce drapeau, oui, nous sommes prêts à nous enrôler —au premier ou au dernier rang— dans un front national. Non pour triompher dans quelques élections aux effets éphémères, mais dans un but de pérennité. Il nous parait monstrueux que le sort de l'Espagne doive se jouer tous les deux ans au hasard des urnes: que tous les deux ans s'engage la tragique partie, dans laquelle, à coups de cris, de corruptions, de niaiseries et d'injures, on risque tout ce qu'il y a de permanent en Espagne et on détruit la concorde entre

Espagnols. Pour une grande œuvre collective, nous voulons bien d'un front national. Pour un dimanche d'élections et quelques vaines, déclarations, non ! Cette conjoncture électorale ne représente rien d'autre pour nous qu'une étape. Quand nous l'aurons parcourue avec succès, nous savons que nous ne serons pas seuls pour tenter l'entreprise que j'ai définie dans ces lignes. Mais seuls ou non, tant que Dieu nous en donnera la force, nous poursuivrons notre chemin—sans orgueil ni faiblesse—avec l'âme tranquille de l'artisan et du militant.

"Avant les élections", 1936.

272. C'est inutilement que la Phalange a élevé la voix, à de nombreuses reprises, contre un système politique qui joue avec la Patrie dans une contredanse alternée de droite et de gauche. C'est inutilement que nous avons répété que la destinée et l'intérêt de la Patrie sont toujours les mêmes et ne peuvent être envisagés de la droite ni de la gauche, mais seulement dans leur intégralité. Malgré ces déclarations préliminaires, les partis de gauche se sont efforcés de nous calomnier en nous présentant, mensongèrement, comme défenseurs d'un système capitaliste que nous considérons comme détestable, et les gens de droite ont préféré se grouper autour de chefs qui leur présentaient des programmes plus agréables, en sacrifiant à cet opportunisme toute émotion juvénile, espagnole, profonde.

La Phalange espagnole n'est pour rien dans le chaos où est plongée l'Espagne, dans la décomposition de plus en plus fétide d'un système politique agonisant.

Manifeste à l'Espagne, "F. E ", 26-4-34.

273. Si le résultat du scrutin est contraire, dangereusement contraire au destin éternel de l'Espagne, la Phalange, de toutes ses forces, le reléguera au dernier étage du mépris. Si, après le scrutin, vainqueurs ou vaincus, les ennemis de l'Espagne, les représentants d'un esprit matérialiste qui est le contraire de l'Espagne, veulent une fois de plus s'attaquer au pouvoir, une fois de plus la Phalange, sans fanfaronnade mais sans défaillance, sera à son poste, comme il y a deux ans, comme il y a un an, comme hier, comme toujours.

Discours, Avant les élections, Madrid, 2-2-36.

274. Notre Phalange, porteuse d'une foi nouvelle, refera de l'Espagne une nation et instaurera la justice sociale. Elle lui donnera le pain et la foi [...] Une nourriture décente avec l'allégresse impériale.

Nouvelle lumière en Espagne, mai, 1934.

275. Dieu veuille que son ardeur ingénue ne soit jamais employée qu'au service de la grande Espagne dont rêve la Phalange.

Testament de José Antonio.

III. LA TACHE DE LA REVOLUTION

(A)

276. L'essentiel est le sens historique et politique du mouvement, la captation de sa valeur d'avenir. Voilà ce qui doit être bien clair dans la tête et dans l'âme de ceux qui commandent.

Lettre aux Forces armées espagnoles, Ecrite en secret de la prison modèle, Madrid, 4-5-36.

277. La construction d'un ordre nouveau, nous devons la commencer par l'homme par l'individu, en tant qu'occidentaux, espagnols et chrétiens. Nous devons commencer par l'homme et passer ensuite aux unités organiques; ainsi nous monterons de l'homme à la famille, de la famille à la commune, et d'autre part au syndicat, et nous terminerons en, haut par l'Etat qui sera l'harmonie du tout.

Discours, Madrid, 19-5-35.

278. Notre sens intégral de la Patrie et de l'Etat qui doit la servir, exige:
Que tous les peuples d'Espagne, pour divers qu'ils soient, se sentent harmonisés par une irrévocable unité de destin. Que les partis politiques disparaissent. Personne n'est jamais né membre

d'un parti politique, en revanche, nous naissons tous membres d'une famille; nous sommes tous habitants d'une commune, nous nous livrons tous à l'exercice d'un travail.

Donc, si telles sont nos unités naturelles, si la. famille, la commune et la corporation sont , ce en quoi nous vivons réellement, en quoi avons-nous besoin de l'instrument intermédiaire et pernicieux des partis politiques qui pour nous unir en groupements artificiels commencent par nous désunir dans nos réalités authentiques ?

Nous voulons moins de grandes phrases libérales et plus de respect de la liberté profonde de l'homme. Nous voulons que tous se sentent membres d'une communauté sérieuse et complète, car les fonctions sont nombreuses: les unes comportent le travail manuel, d'autres l'activité de l'esprit, quelques-unes un magistère des coutumes, du goût, du raffinement. Mais dans une communauté comme celle que nous désirons, il faut qu'on sache dès maintenant qu'il n'y aura ni invités ni fainéants.

Nous ne voulons pas qu'on vienne nous parler sans cesse de droite individuels, si ces droits ne peuvent s'exercer dans la maison de ceux qui ont faim. Ce que nous voulons, c'est qu'on donne à tout homme, à tout membre de la communauté politique et par le fait même de l'être, une manière de gagner par son travail une vie humaine, juste et digne.

Nous voulons que l'esprit religieux, clef des plus belles voûtes de notre Histoire, soit respecté et protégé comme il le mérite, sans que pour cela l'Etat s'immisce dans des fonctions qui ne lui sont pas propres, ou y participa — comme il l'a fait parfois pour d'autres Intérêts que ceux de la vraie religion— sauf s'il lui appartient en propre de le faire.

Nous voulons que l'Espagne recouvre résolument le sens universel de sa culture et de son Histoire.

Discours, Madrid, 29-10-33.

279. [...] nous voulons [...] que le mouvement présent et l'Etat qu'il crée soit un instrument efficace, autoritaire, au service d'une unité indiscutable, de cette unité permanente qui se nomme Patrie.

Ibid.

280. [...] nous voulons que tous les peuples d'Espagne ressentent, non seulement le patriotisme élémentaire qui provient de l'attraction de la terre, mais le patriotisme de la mission, le patriotisme du transcendant, le patriotisme de la grande Espagne.

Cortès, 4-1-34.

(B)

281. C'est là une grande et belle tâche pour ceux qui considèrent vraiment la Patrie comme une œuvre : alléger la vie économique de la ventouse capitaliste, appelée irrémédiablement, à éclater en communisme, dévier le courant des bénéfices absorbés par le capitalisme parasitaire vers le réseau vivant des producteurs authentiques, pour nourrir la petite propriété privée, libérer vraiment l'individu, qui n'est pas libre tant qu'il a faim, et donner de la substance économique aux vraies unités organiques : la famille, la commune, avec son patriotisme communal reconstitué, et le syndicat, non plus simple représentant de ceux qui doivent louer leur travail comme une marchandise, mais bénéficiaire du travail obtenu par l'effort de ceux qui le constituent.

Manifeste, Avant les élections, 16-1-36.

282. L'unique manière de résoudre la question sociale est de changer, de haut en bas, l'organisation de l'économie. Cette révolution de l'économie ne va pas consister, comme on dit ici et là, que nous le désirons —(surtout ceux qui disent tout parce qu'ils l'ont entendu dire et sans y consacrer cinq minutes d'attention)— dans l'absorption de l'individu par l'Etat, dans le panthéisme étatiste.

Bien au contraire, la révolution totale, la réorganisation totale de l'Europe doit commencer par l'individu parce que celui qui a le plus souffert de tout ce détraquement, celui qui en est arrivé à n'être qu'une simple molécule, sans substance, sans contenu, sans existence, c'est le pauvre individu qui est aujourd'hui le dernier à jouir des avantages de la vie. Toute l'organisation, toute la révolution nouvelle, tout te renforcement de l'Etat et toute l'organisation économique, auront pour but de faire participer à la jouissance de ces avantages les masses énormes déracinées par l'économie libérale et la poussée communiste.

Est-ce là ce qu'on appelle l'absorption de l'individu par l'Etat ? Ce qui se passera alors, c'est que l'individu aura le même destin que l'Etat, c'est que l'Etat aura —comme nous l'avons toujours dit— deux buts bien clairs : un vers l'extérieur pour affirmer la Patrie, l'autre, vers l'intérieur, pour rendre plus heureux, plus humains, un plus grand nombre d'individus et les faire participer davantage à la vie humaine. Et le jour où l'individu et l'Etat, intégrés, rendus à une harmonie totale, n'auront plus qu'une fin, qu'un seul destin, qu'un seul sort à courir, alors l'Etat pourra être fort sans être tyrannique, parce qu'il n'emploiera sa force que pour le bien et la félicité de ses sujets.

Discours. Madrid, 9-4-35.

283. Les ouvriers ne connaissent le national-syndicalisme qu'à travers les versions de ses ennemis. C'est pour cela qu'ils croient que c'est un instrument du capitalisme, alors que précisément une des raisons de son existence est l'intention de le démolir.

Ibid.

284. Les ouvriers sont le sang et la terre d'Espagne, ils font partie de nous. Ne les croyez pas ennemis bien qu'ils crient contre nous. Non, camarades ! Tous ceux qui vous regardent avec des yeux mauvais quand vous criez notre journal, ou quand vous distribuez nos tracts, ne sont pas nos ennemis. Ils sont une partie même de notre Phalange.

"Front Rouge", "Arriba", 16-5-35.

285. Le convive oisif de la vie, qui ne contribue en rien aux tâches communes, est un type appelé à disparaître dans toute communauté bien régie. Le rôle d'invité non payant est en train de disparaître du monde.

"Señoritismo".

286. Nous démolirons l'appareil économique de la propriété capitaliste, qui absorbe tous les bénéfices pour lui substituer la propriété individuelle, la propriété familiale, la propriété communale, la propriété syndicale.

Discours, Madrid, 19-5-35.

287. L'Etat espagnol peut se limiter à l'accomplissement des fonctions essentielles, en se déchargeant, sinon déjà de la décision, du moins de la réglementation complète de certains secteurs économiques, sur des entités de longue ascendance traditionnelle: sur les Syndicats, qui ne seront plus comme dans le plan actuel de l'organisation du travail, des architectures parasitaires, mais des entités verticales intégrant tous ceux qui participent aux réalisations de chaque branche de production.

Discours, "L'Espagne et la barbarie", Valladolid, 3-3-35.

288. Contre le péril bolcheviste—chaque jour plus accentué en raison du déplacement des masses socialistes vers d'es positions extrêmes —il faut former non le front antirévolutionnaire— étant donné que « l'Espagne a besoin d'une révolution »—, mais le Front national, délimité par les exclusions et les exigences suivantes :

1. EXCLUSIONS. - Notre génération, à qui revient la responsabilité de résoudre la crise actuelle du monde, ne peut pas se sentir solidaire :

a) Pour une raison historique de ceux qui voudraient couvrir du drapeau national des nostalgies réactionnaires de formes déchues ou de systèmes économiques et sociaux injustes.

b) Pour une raison éthique de ceux qui se sont habitués à vivre politiquement dans un climat moral corrompu.

2. Exigences.- Le Front national devra se proposer :

a) De rendre au peuple espagnol une nouvelle foi dans son unité de destin et une volonté résolue de renaître.

b) D'élever la vie matérielle du peuple espagnol à des limites humaines.

Ibid.

289. Le premier exige une revitalisation des valeurs spirituelles, systématiquement reléguées ou déformées pendant longtemps et surtout la persistance dans la conception que l'Espagne est l'expression d'une communauté populaire ayant un destin propre, différent de celui de chaque individu, de chaque classe ou de chaque groupe et supérieur à eux. Le second —c'est-à-dire, la reconstruction économique de la vie populaire, imposée par un double motif, en cette époque de liquidation de l'ordre capitaliste— exige d'urgence :

a) Une réforme du crédit arrivant même à la nationalisation du service du crédit, au bénéfice de toute   l'économie.

b) Une réforme agraire qui déterminera en premier les aires cultivables de l'Espagne (celles qui le sont actuellement et celles qui peuvent l'être moyennant une préparation technique) consacrera tout ce qui restera hors de ces aires cultivables aux bois ou aux pâturages et y installera révolutionnairement (c'est-à-dire, en indemnisant ou non les propriétaires) la population paysanne de l'Espagne en unités familiales de culture ou en grandes exploitations de culture sous un régime syndical, suivant ce qu'exigera la nature des terres.

290. Les Syndicats sont des confréries professionnelles, des Fraternelles de travailleurs, mais aussi, en même temps, des organes verticaux intégrés dans l'Etat. Et l'accomplissement de l'humble labeur quotidien de chacun rend l'organisme vivant et indispensable dans le sein de la Patrie. L'Etat se décharge ainsi de mille fonctions qu'il exerce à l'heure actuelle sans nécessité. Il ne se réserve que celles de sa mission devant le monde, devant l'Histoire.

291. Dans le développement futur de cette forme de l'économie qui paraît révolutionnaire et qui est en fait très ancienne puisqu'elle est l'œuvre des vieilles corporations européennes, on arrivera à ne pas aliéner le travail comme une marchandise, à ne pas conserver cette relation bilatérale du travail, mais à faire que tous ceux qui interviennent dans la tâche, tous ceux qui font partie de l'économie nationale et en font un tout complet, constitueront des Syndicats verticaux qui n'exigeront ni Comités paritaires, ni organismes de liaison, parce qu'ils fonctionneront organiquement, comme fonctionne l'Armée par exemple, sans que jamais l'idée soit venue à quiconque de former des Comités paritaires de soldats et de chefs.

Conférence, Madrid, 9-4-35.

292. Selon notre plan [...], qui va donner à l'ouvrier une part beaucoup plus grande, et réserver au Syndicat ouvrier une participation directe dans les fonctions de l'Etat, nous n'allons pas réaliser les progrès sociaux un par un, comme qui fait des concessions successives dans un marchandage, mais bien refaire la structure économique de haut en bas, d'une autre façon, sur des bases nouvelles et en conséquence nous arriverons à un ordre social beaucoup plus juste.

Cortés, 6-11-34.

293. Allez a la campagne, allez! Vous y verrez davantage, et mieux, comment l'Etat joue son rôle.

Allez a la campagne.

294. Nous irons dans les campagnes et les villages d'Espagne pour transformer en élan leur désespoir. Pour les incorporer à l'entreprise commune. Pour changer en effort ce qui n'est aujourd'hui que la légitime férocité d'animaux sauvages, reclus dans leurs terriers, sans aucun des agréments et des joies de la vie humaine. C'est parmi les rochers et les chemins escarpés qu'on trouve l'Espagne, notre Espagne. C'est là que nous la trouverons pendant qu'au palais des Cortés quelques groupes politiques séquestreront leur victoire sans ailes.

"F. E.", 7-12-33.

295. Avec une intelligente réforme agraire [...] et avec une réforme du crédit qui arracherait les cultivateurs, les petits industriels et les petits commerçants aux griffes dorées de l'usure bancaire, avec ces deux choses, on pourrait assurer pour cinquante ans le bonheur du peuple espagnol.

Discours, Madrid, 19-5-15.

296. [...] Deux choses manquent : une réforme du crédit, comme transition, vers la nationalisation, et une réforme agraire qui délimiterait les zones cultivables et les unités économiques de culture, qui y installerait révolutionnairement le peuple des travailleurs et rendrait à la forêt et à l'élevage les terres inaptes à la culture que grattent aujourd'hui des multitudes de malheureux condamnés à la faim perpétuelle.

Manifeste, Avant les élections, 1936.

297. La vie rurale espagnole est absolument intolérable. Le Réforme agraire est quelque chose de beaucoup plus vaste que le morcellement, de la division de la grande propriété et le regroupement de la petite propriété. La Réforme agraire est une chose beaucoup plus grande, beaucoup plus ambitieuse, beaucoup plus complète, c'est une entreprise fascinante et magnifique, mais qui ne pourra probablement se réaliser qu'à la faveur d'une conjoncture révolutionnaire.

Cortès, 23, 24-7-35.

298. La Réforme agraire n'est pas seulement pour nous un problème technique, économique, à étudier à froid dans les écoles. La Réforme agraire est la réforme totale de la vie espagnole. L'Espagne est presque toute entière campagne. La campagne c'est l'Espagne. Le fait que dans la campagne espagnole l'humanité des cultivateurs se voie imposer des conditions de vie intolérables n'est pas seulement un problème économique; c'est un problème entier, religieux et moral. C'est pour cela qu'il est monstrueux de se pencher sur la Réforme agraire sans autre chose qu'un critère économique; c'est pour cela qu'il est monstrueux d'opposer intérêt matériel à intérêt matériel, comme s'il ne s'agissait que de cela; c'est pour cela qu'il est monstrueux que ceux qui luttent contre la Réforme agraire n'allèguent à cet effet que des titres de droits patrimoniaux, comme si ceux d'en face, ceux qui réclament depuis des siècles, des siècles de faim, n'aspiraient qu'à la possession patrimoniale et non à la possibilité intégrale de vivre en êtres humains et religieux.

Cette Réforme agraire comportera deux chapitres: primo, la réforme économique, secundo, la réforme sociale.

Discours, Madrid, 17-11-35.

299. La Réforme agraire espagnole devra comprendre deux parties, sinon elle ne sera qu'un remède partiel et probablement une aggravation des choses. En premier lieu, elle exige une réorganisation, économique du sol espagnol. Le sol espagnol n'est pas entièrement cultivable. Il y a des territoires immenses du sol espagnol où être fermier ou petit propriétaire revient également à perpétuer une misère dont ni les pères, ni les fils, ni les petits-fils ne pourront jamais se tirer. Il y a des terres absolument pauvres auxquelles l'effort ininterrompu de générations et de générations n'a jamais pu arracher plus de trois ou quatre grains pour un. Tenir cloués à ces terres les habitants espagnols, c'est les condamner pour toujours à une misère qui se transmettra à leurs descendants. Il faut commencer, en Espagne, par délimiter les zones habitables du territoire national. Ces zones constituent une superficie qui n'excède peut-être pas le quart du territoire et dans ces zones habitables il faut déterminer les unités de culture. Il n'est question ni de grande, ni de petite propriété, mais d'unités économiques de culture. Il y a des régions où la grande propriété est indispensable —la grande propriété, non le grand propriétaire, ce qui est autre chose— parce que seule la grande culture peut supporter les frais nécessaires pour que l'exploitation soit bonne [...] Il y a des régions où la petite propriété est un bon système de culture, il y a des régions où elle est désastreuse.

Cortès, 22, 24-7-35.

300. Ensuite, avoir le courage de reboiser les terres incultivables, de rendre à la forêt, à la nostalgie de la forêt, nos terres chauves, ou au pâturage, pour reconstituer notre élevage dont la richesse nous avait rendus forts et robustes. Enlever tout cela à la culture et ne plus jamais planter un soc dans cette aridité. Une fois délimitées les terres cultivables d'Espagne, procéder, à l'intérieur même de l'opération économique, à la reconstitution des unités de culture. Sur ce point, notre Conseil national a travaillé admirablement. D'une façon générale, on peut considérer trois types de culture (étant donné que, de ce point de vue, les régions du Nord et de l'Est sont comparables) : les grandes cultures de terrain sec qui imposent l'industrialisation et l'emploi de tous les moyens techniques nécessaires pour produire économiquement, et qui doivent être soumises à un régime syndical, les petites cultures, en général cultures potagères ou cultures en terre irriguée; celles-ci doivent être morcelées pour constituer l'unité familiale. Mais comme il arrive que pour beaucoup de terres, le morcellement a été exagéré et qu'on en soit arrivé à une petite propriété antiéconomique, il pourra y avoir dans beaucoup de cas, au lieu de morcellement, regroupement afin de former les unités de culture qui seront régies par les familles mêmes ou par un régime corporatif familial pour la fourniture des instruments de travail ou la vente des produits.

Il y a enfin d'autres grandes zones, d'un intérêt exceptionnel pour l'Espagne, par exemple, les terres à oliviers dont la culture laisse l'homme inoccupé pendant de longs mois. Les terres de cette catégorie devront avoir pour complément soit de petites cultures potagères où se transporteront les travailleurs pendant les périodes de chômage forcé, soit de petites industries accessoires de l'agriculture qui permettront aux paysans de vivre pendant ces longues périodes.

Une fois opérée cette classification des terres et une fois constituées ces unités économiques de culture, vient le moment de réaliser la réforme sociale de l'agriculture. Et d'abord, en quoi consiste, du point de vue social, la réforme de l'agriculture ? Elle consiste en ceci: il faut prendre le peuple espagnol, affamé depuis des siècles, et l'arracher aux terres stériles où se perpétue sa misère; il faut le transporter sur de nouvelles terres cultivables, il faut l'y installer sans délai, sans siècles d'attente, comme le veut la loi de contre-réforme agraire.

Vous me direz : oui ! Mais en payant les propriétaires, ou non ? Et je vous réponds : cela nous ne le savons pas, cela dépendra des conditions financières du moment. Mais je vous dis ceci: pendant que nous étudions si nous sommes ou non en état de payer la terre, ce que l'on ne peut exiger c'est que des gens affamés depuis des siècles souffrent de l'incertitude de savoir si on fera ou non la Réforme agraire. La première mesure à prendre est d'installer les affamés, ensuite, on verra si on peut payer les terres, car il est plus juste et plus humain, et cela sauvera un plus grand nombre d'hommes, de faire la Réforme agraire au risque des capitalistes, plutôt qu'au risque des paysans. Et cela n'est d'ailleurs qu'une partie de la tâche : celle d'élever, sur le plan matériel, le niveau de vie de notre peuple, il faudra ensuite l'unir par en haut. Il faudra lui donner une foi collective et lui inculquer, de nouveau, la primauté du spirituel.

Discours, Madrid, 17-11-35.

301. Cela sera vraiment le retour à la terre, non dans le sens de l'Eglogue, qui est celui de Rousseau, mais dans le sens des Géorgiques, qui est la manière profonde, sévère et rituelle de comprendre la terre.

Discours, "L'Espagne et la barbarie", Valladolid, 3-3-35.

(E)

302. Des lois qui s'imposent à tous avec la même rigueur, voilà ce qui nous manque. Une extirpation implacable des mauvaises habitudes invétérées : la recommandation, l'intrigue, l'influence. Une justice rapide et sûre, et si parfois elle fléchit, que ce ne soit pas par lâcheté devant les puissants, mais par clémence pour ceux qui ont été entraînés. Mais cette justice-là, seul un Etat sûr de sa propre raison d'être, peut la réaliser.

Manifeste. Avant les élections, 1936.

(F)

303. Comment, se demanderont certains, nos sympathies pour un pays ou un autre vont-elles influer sur notre attitude ? Tout d'abord, il est bien certain que parmi ceux qui sont ici, il n'y en a pas un seul ayant un esprit ouvert, qui n'ait été soumis, à l'influence de nombreuses sympathies. Nous nous sommes tous penchés, les uns plus, les autres moins, et je suis parmi ces derniers, sur la culture européenne; nous avons tous subi l'influence des lettres françaises, de l'éducation anglaise, de la philosophie allemande, et de la tradition politique italienne qui réalise en ce moment une expérience culminante que personne ne peut se dispenser d'étudier sérieusement, tout en restant libre assurément d'y apporter toutes sortes d'objections. Mais c'est une position d'intérêt purement espagnol, une position espagnole que je vais défendre, comme celles que vous allez tous défendre aussi.

Cortès, 2-10-35.

304. Nous voulons une politique internationale qui, à chaque instant, se détermine, pour la guerre ou pour la paix, pour la neutralité ou la belligérance, par la libre volonté de l'Espagne, et non par obéissance à n'importe quelle puissance extérieure.

Manifeste, Avant les élections, 1936.

IV. CONSIGNES TACTIQUES

305. Il faut espérer qu'il ne reste plus d'insensés pour vouloir encore laisser passer une occasion historique (la dernière) au profit d'intérêts mesquins. Et s'il y en avait, sur eux tomberait toute votre rigueur, toute notre rigueur. Le pavillon du nationalisme n'est pas fait pour couvrir comme marchandise la faim — car il y a des millions d'Espagnols qui souffrent de la faim et il est urgent d'y porter remède. C'est pour cela qu'il faut lancer à toute vitesse la grande tâche de la reconstruction nationale. Il faut que tous soient appelés, avec ordre et méthode, à jouir de tout ce que l'Espagne produit et peut produire. Cela impliquera des sacrifices pour ceux qui profitent aujourd'hui de situations trop grandes dans la petite vie espagnole. Mais vous, trempés par la religion du service et du sacrifice, et nous, qui avons volontairement imposé à notre vie un sens ascétique et militaire, nous enseignerons à tous à supporter les sacrifices avec le sourire, le sourire de ceux qui savent qu'au prix de quelques renoncements matériels, ils sauvent l'ensemble des principes éternels que l'Espagne, de par sa mission universelle, a annoncés à la moitié du monde.

Ibid.

306. Au cours des siècles qui virent mûrir l'effort qui allait aboutir à l'Empire, on ne disait pas « contre les Maures » mais « Saint-Jacques et faisons l'Espagne ! », ce qui était un cri d'effort, d'offensive. Nous, disciples de cette école, nous ne sommes pas enclins à crier « A bas ceci, à bas cela ! ». Nous préférons crier « Debout ! Debout, l'Espagne ! » [...] L'Espagne une, grande, libre [...] et non l'Espagne découragée et médiocre.

Manifeste, Avant les élections, 1936.

V. LE FAIT IMPERIAL
OU LA DOCTRINE
DU DERNIER MOT

307. Dans cette Espagne, qui n'a jamais été sur-industrialisée, qui n'est pas surpeuplée qui n'a pas souffert de la guerre, où nous avons la possibilité de refaire un artisanat qui subsiste encore en grande partie où nous avons une masse forte d'une trame solide, disciplinée et endurante, de petits producteurs et de petits commerçants, où l'ensemble des valeurs spirituelles est resté intact, dans cette Espagne, dis-je, qu'attendons-nous pour saisir l'occasion, et quelque ambitieux que cela puisse paraître, pour nous mettre, une fois de plus, à la tête de l'Europe ? Oui, qu'attendons-nous ?

Discours, Madrid, 9-4-35.

308. Cette intégration de l'Homme et de la Patrie, qu'attendons-nous pour la faire ? Simplement que les partis de gauche et de droite se rendent compte que les deux choses sont inséparables.

Ibid.

309. Voici exactement ce que l'Espagne devrait se mettre à faire présentement: assumer le rôle d'harmonisatrice du destin de l'homme et de celui de la Patrie, se rendre compte que l'homme n'est pas libre, ne peut pas être libre, s'il ne vit pas comme un homme, qu'il ne peut pas vivre comme un homme si on ne lui assure pas un minimum d'existence, qu'il ne peut pas avoir un minimum d'existence si on n'organise pas l'économie sur d'autres bases pour augmenter la prospérité matérielle de millions et de millions d'individus, que l'économie ne peut pas être organisée sans un Etat fort et organisateur, qu'il ne peut pas exister d'Etat fort et organisateur sinon au service d'une grande unité de destin, qui est la Patrie. Alors, tout fonctionnera mieux et la lutte titanesque et tragique entre l'homme et l'Etat oppresseur de l'homme sera terminée. Quand nous aurons réalisé tout cela (et cela peut être réalisé — car cela a été la clef de l'existence de l'Europe quand il y avait une Europe [...] et il faudra bien que l'Europe et l'Espagne y reviennent). Nous saurons que dans chacun de nos actes, dans les plus familiers, dans la plus humble de nos tâches quotidiennes nous servirons en même temps que notre destin individuel le destin de l'Espagne, de l'Europe et du Monde, le destin total et harmonieux de la Création.

Ibid.

310. L'Espagne ne s'est jamais définie autrement que par l'accomplissement d'un destin universel, et l'heure est venue pour elle de l'accomplir. Le monde entier vit les derniers instants de l'agonie de l'ordre capitaliste et libéral. Le monde n'en peut plus parce que l'harmonie est rompue entre l'homme et son milieu, entre l'homme et la Patrie. Nous en sommes arrivés, à la fin de cette époque capitaliste, à ne plus nous sentir liés par rien, ni en haut, ni en bas, nous n'avons plus ni destinée, ni Patrie commune, parce que chacun voit la Patrie du haut de l'étroite terrasse de son parti. Nous n'avons plus de vie en commun solide au point de vue économique, nous ne nous sentons plus fortement liés les uns autres à la surface de la Terre.

Le capitalisme libéral débouche obligatoirement dans le communisme. Il n'y a qu'une manière profonde et sincère d'éviter l'avènement du communisme, c'est d'avoir le courage de détruire le capitalisme, de le détruire avec l'aide de ceux-là mêmes qu'il favorise, s'ils veulent vraiment éviter que la révolution communiste ne jette par-dessus bord les valeurs religieuses, spirituelles et nationales de la tradition. S'ils le veulent, qu'ils nous aident à détruire le capitalisme et à implanter un ordre nouveau.

[...] Cela est une haute tâche morale, il faut rendre à l'homme sa valeur économique pour que les unités morales, famille, corporation, commune, redeviennent substantielles, il faut que la vie humaine soit de nouveau sérieuse et sûre, comme en d'autres temps, et pour cette grande tâche économique et morale, nous sommes, en Espagne, dans les meilleures conditions possibles. L'Espagne est le pays qui a le moins souffert des rigueurs du capitalisme. L'Espagne est le pays le plus en retard —et béni soit ce retard— dans le système du grand capitalisme. L'Espagne peut, la première, se sauver du chaos qui menace le monde. Et n'oubliez pas que, dans tous les temps, les paroles créatrices d'ordre ont été prononcées par une voix nationale. La nation qui lance la première les paroles des temps nouveaux, est celle qui se met à la tête du monde. Voilà comment, si nous voulons, nous pouvons mettre l'Espagne, une fois de plus, à la tête du monde.

Discours, Avant les élections, 2-2-36.

VI. SUR LA POLITIQUE INTERNATIONALE

311. Quelle position allons-nous conseiller à l'Espagne ? Quelqu'un en ces jours donnerait-il des conseils qui ne seraient pas inspirés par l'intérêt espagnol ? Comment penser qu'une sympathie déterminée envers un pays ou envers un autre va avoir une influence sur notre attitude ? C'est entre autres choses parce que certainement parmi nous tous qui sommes ici, il n'est personne ayant l'esprit ouvert qui n'ait subi l'influence de nombreuses sympathies étrangères. Nous nous sommes tous penchés, les uns plus, les autres moins (et je fus de ces derniers), sur la culture européenne, nous avons tous senti l'influence des lettres françaises, de l'éducation anglaise, de la philosophie allemande et de la tradition politique de l'Italie, de cette Italie qui est en train de réaliser une des expériences culminantes, une expérience culminante que personne ne peut éviter d'étudier sérieusement et à laquelle certainement personne n'est dispensé d'adresser quelque objection. C'est donc uniquement un intérêt espagnol, une position espagnole que je vais défendre maintenant, comme ceux certainement que vous allez défendre tous.

Cortès, 2-10-35.

312. La Patrie.— Nous voulons qu'on nous rende la fierté joyeuse d'avoir une patrie, une patrie exacte, légère, entreprenante, pure de tâches ridicules, de traits d'opérettes et sans les souillures habituelles. Une patrie non pour la vanter dans de grosses effusions, mais pour être comprise et sentie comme l'instrument d'un grand destin.

Nous voulons une *politique internationale* qui se détermine à chaque instant pour la guerre ou pour la paix, pour la neutralité ou la belligérance, par la libre volonté de l'Espagne et non par soumission à une puissance étrangère.

C'est pourquoi nous exigeons que notre armée et nos forces navales et aériennes soient celles dont ont besoin l'indépendance de l'Espagne et la place hiérarchique qui lui correspond dans le monde.

Nous voulons que l'éducation soit faite pour arriver à un esprit national fort et uni et pour mettre dans l'âme des générations futures la joie et la fierté de la patrie.

Nous voulons que la patrie s'entende comme une réalité harmonieuse et indivisible, supérieure aux luttes des individus, des classes, des partis et des différences naturelles.

Manifeste électoral, 12 janvier, 1936.

313. Nous cherchons une patrie pour l'Espagne, et quand nous l'aimerons, l'Espagne retrouvera sa *politique internationale,* L'Espagne aura une politique qui lui conseillera en certains cas la paix, peut-être, malheureusement, en d'autres, la guerre, et en d'autres la neutralité, jamais par l'imposition d'une puissance étrangère, mais bien par la volonté de l'Espagne.

Discours, à Saragosse, 26 janvier 1936.

VII. INVOCATION FINALE

314. Plus de cris de peur ! Nous voulons entendre la voix de commandement, qui lancera de nouveau l'Espagne, d'un pas résolu, sur le chemin universel des destinées historiques.

"Dernier manifeste de José Antonio", 12-2-1936.

VIII. DEVANT LA DISSOLUTION DE LA PATRIE

Un groupe d'Espagnols, les uns soldats, les autres civils, ne veulent pas assister à la dissolution totale de la Patrie, ils se lèvent aujourd'hui contre un gouvernement traître, inepte, cruel et injuste qui la conduit à la ruine.

Nous avons supporté cinq mois d'opprobre. Une espèce de bande factieuse s'est rendue maîtresse du pouvoir. Depuis son avènement, il n'y a plus une heure de tranquillité, un foyer respecté, un travail sûr, une vie garantie. Tandis qu'une collection d'énergumènes, incapables de travailler, vocifère à la Chambre, les maisons sont profanées par la Police (quand elles ne sont pas incendiées par la tourbe), les églises saccagées, les gens de bien emprisonnés par caprice pour un temps illimité, la loi use de deux poids inégaux: l'un pour les hommes du Front Populaire, l'autre pour ceux qui n'y militent pas, l'Armée, la Flotte, la Police, sont minées par des agents de Moscou, ennemis jurés de la civilisation espagnole, une Presse indigne empoisonne la conscience populaire et cultive les pires passions, de la haine à l'impudeur, il n'y a pas un village, pas une maison qui ne soient convertis en un enfer de rancœurs; on stimule les mouvements séparatistes, la faim augmente et, pour que rien ne manque afin que le spectacle atteigne son caractère le plus sombre, des agents du gouvernement, ont assassiné à Madrid un illustre espagnol qui avait confiance dans l'honneur et la fonction publique de ceux qui le conduisaient. La férocité canaille de ce dernier exploit n'a pas d'égale dans l'Europe moderne et peut être confrontée avec les pages les plus noires de la Tcheka russe.

Tel est le spectacle de notre Patrie à l'heure juste où les circonstances du monde l'appellent à accomplir de nouveau un grand destin. Les valeurs fondamentales de la civilisation espagnole reprennent, après des siècles d'éclipsé, leur antique autorité, tandis que d'autres peuples qui mirent leur foi en un progrès matériel fictif voient minute par minute décliner leur étoile. Devant notre vieille Espagne missionnaire et militaire, terrienne et maritime, s'ouvrent des chemins splendides. C'est de nous, Espagnols, que dépendra le fait de les parcourir, de ce que nous serons unis et en paix avec nos âmes et nos corps tendus dans l'effort commun de faire une grande Patrie. Une grande Patrie pour tous et rien pour un groupe de privilégiés. Une Patrie grande, unie, libre, respectée et prospère. Pour lutter pour elle, nous rompons aujourd'hui ouvertement avec les forces ennemies qui la tiennent prisonnière. Notre rébellion est un acte de service à la cause espagnole.

Si nous aspirions à remplacer un parti par un autre, une tyrannie par une autre, le courage — propre aux âmes pures— de risquer cette décision suprême nous manquerait. Il n'y aurait pas non plus pour nous des hommes portant les uniformes glorieux de l'Armée, de la Marine, de l'Aviation, de la Garde civile, ils savent que leurs armes ne peuvent pas être employées au service d'une bande, mais à celui du maintien de l'Espagne qui est en péril. Notre triomphe ne sera pas celui d'un groupe réactionnaire et ne représentera pour le peuple la perte d'aucun avantage. Au contraire, notre œuvre sera une œuvre nationale qui saura élever les conditions de vie du peuple —vraiment épouvantables dans certaines régions— et le fera prendre part à la fierté d'un grand destin recouvré.

Travailleurs, paysans, intellectuels, soldats, marins, gardiens de notre Patrie, secouez la résignation devant le dessein de son écroulement et venez avec nous pour l'Espagne une, grande et libre! Dieu nous aide.

¡ Arriba España !

Le dernier manifeste de José Antonio, 17-7-36.

QUATRIEME PARTIE : TESTAMENT DE JOSÉ ANTONIO PRIMO DE RIVERA

Testament que José Antonio Primo de Rivera y Sáenz de Heredia, âgé de trente-trois ans, célibataire, avocat, né à Madrid et demeurant dans cette ville, fils de Miguel et de Casilda (qu'ils reposent en paix), a rédigé et passé par devant notaire, dans la Prison Provinciale d'Alicante, le dix-huit novembre mil neuf cent trente-six.

Condamné à mort hier, je demande à Dieu que, s'il ne m'évite pas d'arriver à ce moment critique, il me conserve jusqu'à la fin la résignation digne sur laquelle je compte. Je lui demande aussi qu'en jugeant mon âme il ne prenne pas pour critère mes mérites mais qu'il applique sa miséricorde infinie. Un scrupule me saisit. N'est-ce pas de la vanité et un excès d'attachement aux choses de la terre que de vouloir rendre compte, en cette conjoncture, de quelques-uns de mes actes ? Mais comme d'autre part, j'ai entraîné la foi de beaucoup de mes camarades dans une proportion très supérieure à ma propre valeur (que je connais trop bien, ce qui me fait écrire cette phrase avec la sincérité la plus simple et la plus contrite) et comme j'ai même amené d'innombrables d'entre eux à braver des risques et des responsabilités énormes, il me semblerait que m'éloigner de tous sans explication d'aucune sorte serait une ingratitude et un manque de considération.

Il n'est pas besoin de répéter maintenant ce que j'ai dit et écrit tant de fois sur ce que nous voulions nous, les fondateurs de la Phalange Espagnole. Je m'étonne que trois ans après, l'immense majorité de nos compatriotes persiste encore à nous juger sans avoir commencé en aucune manière à nous comprendre et même sans avoir sollicité ou sans avoir accepté d'avoir la moindre information. Si la Phalange se consolide et devient une chose durable, je pense que tout le monde éprouvera de la douleur en pensant à tout le sang versé parce qu'on n'avait pas ouvert pour nous une brèche d'attention sereine entre la fureur d'un côté et l'antipathie de l'autre. Que je sers pardonné pour la part de responsabilités que j'ai eue sang versé et que les camarades qui me précédèrent dans la voie du sacrifice m'accueillent comme le dernier d'entre eux.

Hier j'ai expliqué pour la dernière fois ce qu'était la Phalange au Tribunal qui me jugeait. Comme en tant d'occasions, je répétai et je retournai les vieux textes de notre doctrine familière. Une fois de plus, j'observai que de nombreux visages, hostiles au début, montraient d'abord de la surprise, puis de la sympathie. Sur leurs traits, il me semblait lire cette phrase.

« Si nous avions su que c'était cela, nous ne serions pas ici ! » Et certainement nous n'aurions pas été là : moi devant un Tribunal Populaire et les autres se tuant sur les champs de bataille d'Espagne Mais ce n'était plus l'heure d'éviter cela et je me limitai à payer la loyauté et la vaillance de mes chers camarades en gagnant pour eux l'attention respectueuse de leurs ennemis.

Je visai cela et non à gagner avec une crânerie de pacotille la réputation posthume de héros. Je ne me rendis pas responsable de tout, ni ne me conformai à aucune autre variété du patron romantique. Je me défendis en utilisant les meilleures ressources de mon métier d'avocat que j'ai tant aimé et que l'ai cultivé avec tant d'assiduité. Peut-être qu'il ne manquera pas de commentateurs posthumes pour me reprocher de n'avoir pas préféré la fanfaronnade. En de tels cas, chacun fait ce qu'il veut. Quant à moi, en dehors du fait que je ne suis pas un premier rôle dans ce qui arrive, n'aurait été monstrueux et faux de livrer sans défense une vie qui pouvait être encore utile et que Dieu ne me concéda pas pour la brûler en holocauste à la vanité comme un château de feu d'artifice. En outre, je ne me suis abaissé à aucune ruse blâmable et ma défense n'a compromis personne, mais bien au contraire, j'ai coopéré à celle de ma belle-sœur Margot et de mon frère Miguel, qui étaient jugés avec moi et menacés de très graves peines. Mais comme le devoir de ma défense me conseilla non seulement certains silences, mais encore certaines accusations fondées sur le soupçon qu'on m'avait isolé à dessein au milieu d'une région qu'on tint soumise à cette fin, je déclare que ce soupçon n'a pas, tant s'en faut, de preuves pour moi et que si le besoin d'explications, exaspéré par la solitude, put le nourrir de bonne foi dans mon esprit, aujourd'hui, devant la mort, il ne peut ni ne doit être maintenu.

Il me reste à rectifier un autre fait très différent. L'isolement absolu de toute communication où je vis depuis à peu près le début des événements a été seulement rompu par un journaliste nord-américain qui, avec l'autorisation des autorités locales, me demanda des déclarations dans les premiers jours d'octobre. Jusqu'à ce que je connus, il y a cinq ou six jours, l'instruction judiciaire contre moi, je n'ai pas eu de nouvelles des déclarations qu'on m'imputait, car ni les journaux qui les publièrent ni aucun autre ne m'étaient accessibles. En les lisant aujourd'hui, je déclare que parmi, les différents paragraphes qu'on m'attribue, et qui sont inégalement fidèles dans l'interprétation de ma pensée, il en est un que je repousse complètement: celui qui blâme mes camarades de la Phalange de coopérer au mouvement, insurrectionnel avec des « mercenaires venus du dehors ». Je n'ai jamais dit une telle chose et je le déclarai nettement devant le Tribunal, bien que cette déclaration ne me favorisât pas. Je ne peux pas injurier des forces militaires qui ont rendu à l'Espagne en Afrique des services héroïques. Et je ne peux pas non plus lancer d'ici des reproches à des camarades dont j'ignore s'ils sont en ce moment sagement ou mal dirigés, mais qui tentent certainement d'interpréter de la meilleure foi, malgré le manque de communication qui nous sépare, mes consignes et ma doctrine de toujours. Dieu fasse que leur ardente droiture ne soit jamais profitable à d'autres services qu'à celui de la grande Espagne dont rêve la Phalange.

Plaise à Dieu que mon sang soit le dernier sang espagnol qu'on verse dans des discordes civiles. Plaise à Dieu que le peuple espagnol, si riche en qualités appréciables, trouve dans la paix, la Patrie, le Pain et la Justice.

Je crois que je n'ai rien à dire de plus sur ma vie publique. Quant à ma mort prochaine, je l'attends sans jactance, car il n'est jamais gai de mourir à mon âge, mais sans protestation. Que Notre Seigneur l'accepte en tant que sacrifice pour compenser ce qu'il y a eu d'égoïste et de vain dans une grande partie de ma vie. Je pardonne de toute mon âme à tous ceux qui ont pu me faire du tort ou m'offenser, sans aucune exception et je prie que tous ceux auxquels je dois la réparation d'un dommage grand ou petit me pardonnent. Cela fait, je passe à exprimer ma dernière volonté dans les clauses suivantes :

1. Je désire être enterré, suivant les rites de la religion catholique, apostolique et romaine que je professe, en terre bénite et sous la protection de la Sainte-Croix.

2. J'institue comme mes héritiers à parts égales mes quatre frères et sœurs Miguel, Carmen, Pilar et Fernando Primo de Rivera y Sáenz de Heredia, avec le droit d'augmenter leur part de celle que laisserait l'un d'eux s'il me précédait dans la mort sans laisser de descendance. S'il en laissait, que la part qui serait échue à mon frère mort avant moi passe à celle-ci en parts égales. Cette clause est valable bien que la mort de mon frère ait eu lieu avant que je ne dépose ce testament.

3. Je n'ordonne aucun legs ni n'impose à mes héritiers aucune charge juridiquement exigible mais je les prie :

a) de veiller en utilisant tous mes biens au bien-être de notre tante Maria-Jesús Primo de Rivera y Orbaneja dont nous ne pourrons pas payer, même par des trésors de reconnaissance, l'abnégation maternelle et le caractère affectueux pendant les vingt-sept ans où elle s'occupa de nous.

b) de donner en souvenir quelques-uns de mes biens et de mes objets usuels à mes compagnons de bureau, spécialement à Rafael Garcerán, Andrés de la Cuerda et Manuel Sarrión, qui, pendant, des années et des années, furent si loyaux, si efficaces et si patients en ma compagnie fort peu commode. Je les remercie comme tous les autres et je leur demande de se souvenir de moi sans trop d'ennui.

c) de répartir aussi d'autres objets personnels entre mes meilleurs amis qu'ils connaissent bien, et plus particulièrement entre ceux qui le plus longtemps et le plus près de moi ont partagé avec moi les joies et les épreuves de notre Phalange espagnole. Eux et les autres camarades occupent en ce moment une place fraternelle dans mon cœur.

d) de donner une gratification aux plus anciens serviteurs de notre maison que je remercie de leur loyauté et auxquels je demande pardon pour les incommodités qu'ils me doivent.

4. Je nomme exécuteurs testamentaires, chargés de répartir mon héritage, solidairement pour une durée de trois ans et avec les attributions habituelles

maximales mes chers amis de toute ma vie Raimundo Fernández Cuesta y Merelo et Ramón Serrano Súñer, que je prie spécialement :

a) de réviser mes papiers privés et de détruire tous ceux de caractère intime, ceux qui contiennent des travaux purement littéraires et ceux qui sont de simples ébauches et projets en période arriérée d'élaboration, comme toute œuvre interdite par l'Eglise ou de lecture pernicieuse qui pourrait se trouver parmi mes écrits.

b) de réunir tous mes discours, articles circulaires, prologues de livres, etc., non pour les publier —sauf s'ils le jugent indispensable— mais pour qu'ils servent de pièces justificatives quand on discutera de cette période de la politique espagnole où mes camarades et moi nous sommes intervenus.

c) de prévoir de se substituer d'urgence à moi à la direction des affaires professionnelles qui m'ont été confiées, avec l'aide de Garcerán, Sarrión et Matilla et d'encaisser quelques honoraires qu'on me doit.

d) de faire parvenir le plus vite et le plus sûrement possible aux personnes et aux groupes auxquels j'ai fait du tort et dont je parle dans l'introduction de ce testament les rectifications solennelles qu'il contient.

Je les en remercie très cordialement dès maintenant. Je laisse rédigé en ces termes mon testament à Alicante ce dix-huit novembre mil neuf cent trente-six, à cinq heures de l'après-midi, sur trois feuilles en plus de celle-ci, toutes numérotées, datées et signées en marge.

https://bibliothequedissidente.com

Une édition traduite, corrigée et augmentée, exclusivité de la maison
d'édition Bibliothèque Dissidente
Dépôt légal : février 2019